COMMENT DESSINER DES VISAGES

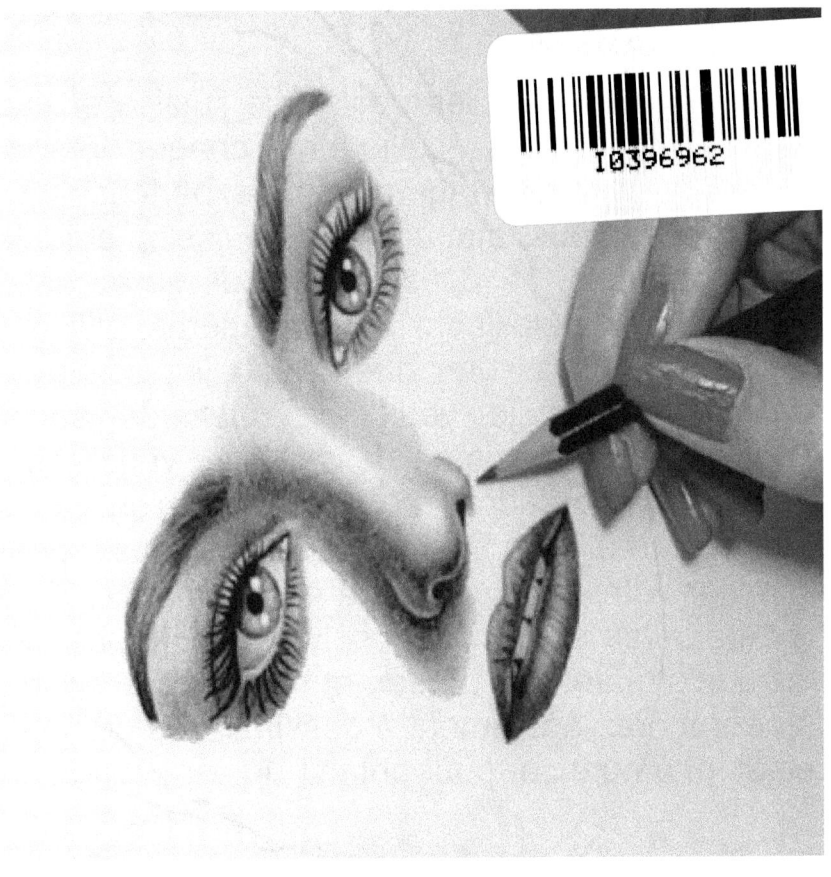

I0396962

Apprendre à Dessiner des Personnes à Partir de Zéro

1

AVANT-PROPOS

J'ai créé ce tutoriel pour les artistes qui souhaitent améliorer leurs compétences en dessin et apprendre à réaliser des portraits réalistes, en utilisant des techniques qui donneront les meilleurs résultats possible.

Après le chapitre avec les outils que j'utilise et que je recommande, je vous expliquerai chaque étape et chaque couche, et partagerai mon expérience et ma technique avec vous, afin que vous puissiez obtenir de meilleurs résultats. Je pense que vous serez satisfait des instructions détaillées, car j'ai même utilisé des flèches pour vous assurer que vous allez comprendre facilement ce que je veux expliquer. Je souhaite partager mon processus de dessin avec vous afin que vous puissiez apprendre les choses qui m'ont pris des années à réaliser : maintenant, vous pouvez économiser votre temps d'étude et commencer à créer vos portraits au crayon. En suivant ce tutoriel, vous saurez quels matériaux utiliser, et j'expliquerai pourquoi. Vous apprendrez également à dessiner des proportions correctes et à nuancer pour obtenir un aspect réaliste.

Dans ce tutoriel, vous apprendrez :

Comment dessiner à partir de rien sans utiliser de photos de référence:

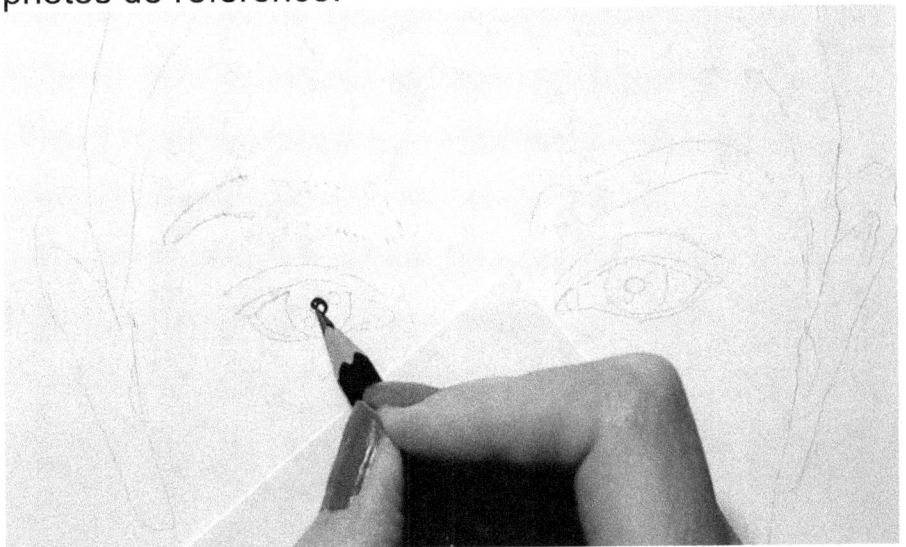

Comment dessiner des yeux réalistes et de beaux sourcils.

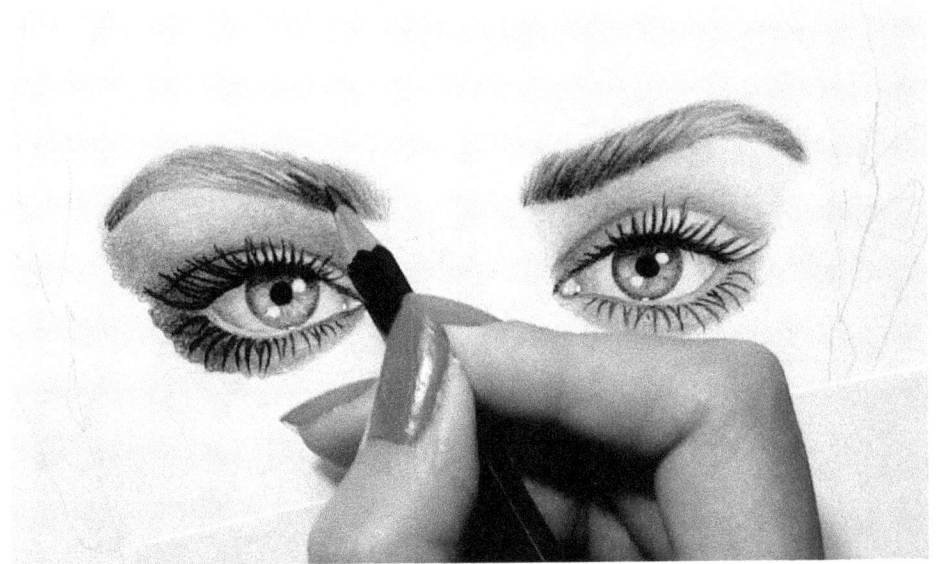

Comment nuancer le nez pour le faire ressortir.

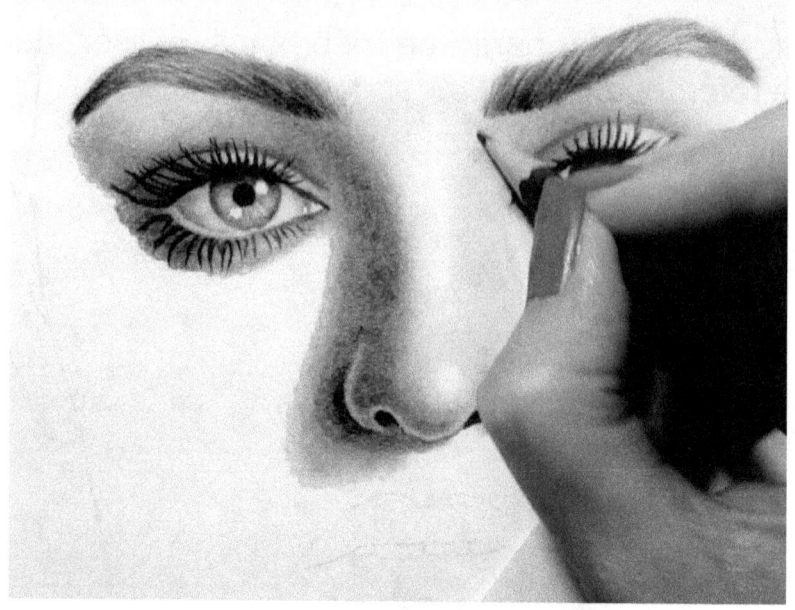

Comment dessiner des lèvres pleines et les dents.

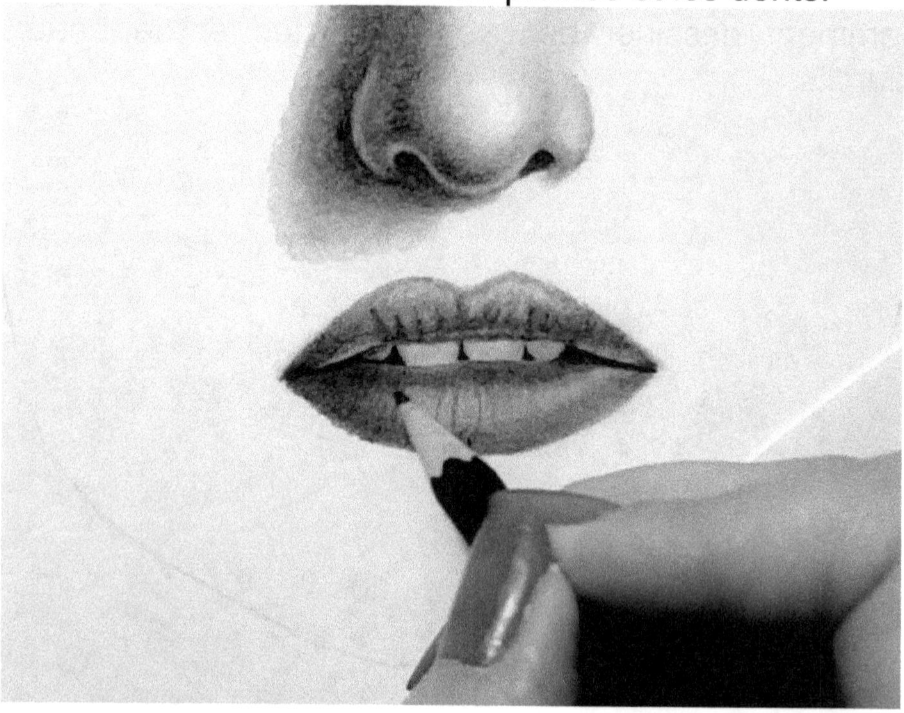

Comment nuancer patiemment la peau pour la rendre lisse et obtenir les meilleurs résultats.

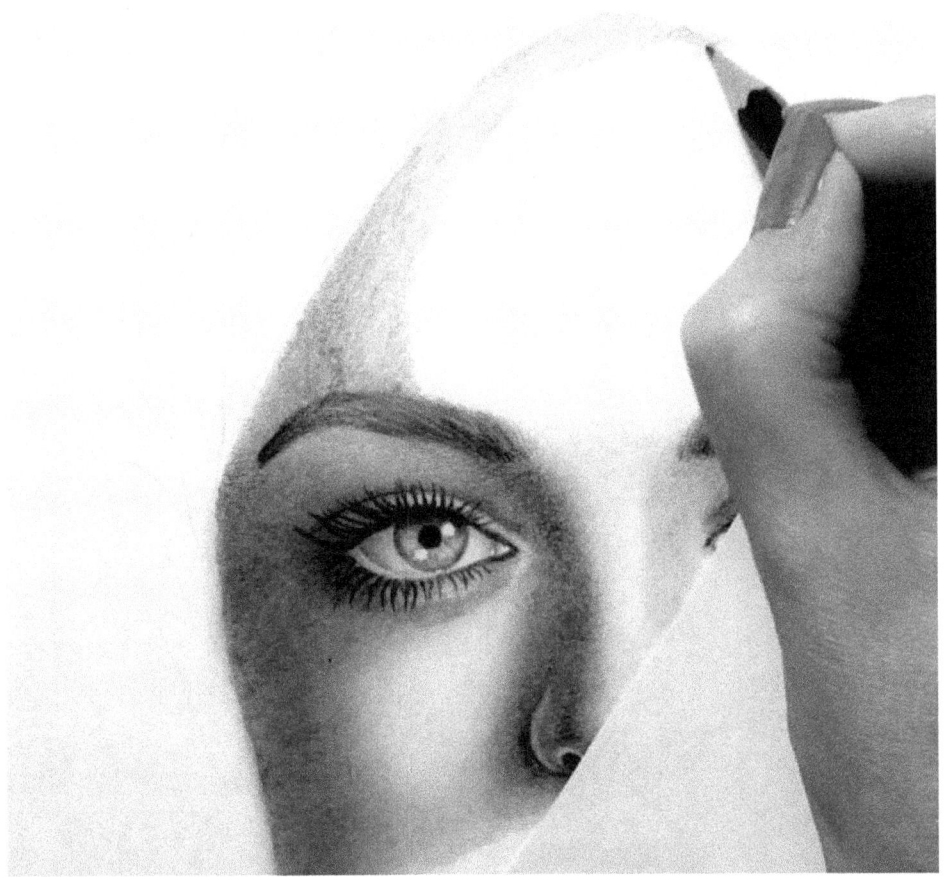

Et comment dessiner des cheveux réalistes.

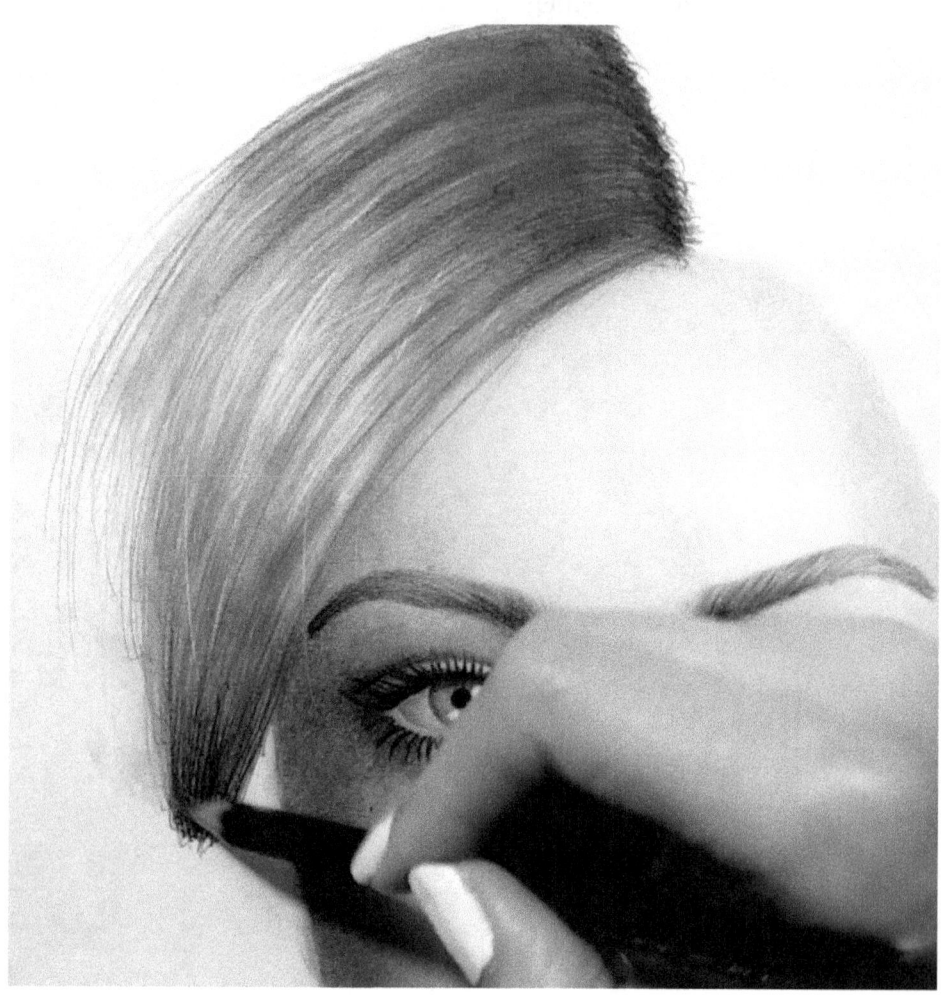

Si vous êtes prêt pour tout ça, commençons avec le matériel !

OUTILS

Dans ce chapitre, je vais vous montrer ce que je vais utiliser pour que vous puissiez essayer ce matériel. Ces outils fonctionnent pour moi, ce qui ne signifie pas qu'ils fonctionneront pour vous. Par exemple, je n'utilise pas de gomme de mie de pain, mais vous devriez l'utiliser si vous aimez ce genre de gomme. La technique et le travail à chaque étape sont ce qui est important pour vous, et vous pouvez réaliser les mêmes effets avec différents outils. Vous devriez expérimenter avec d'autres outils et voir lesquels vous préférez.

Mon matériel d'art

Pour ce dessin, j'utiliserai un bristol Fabriano, au format de papier A4. J'utilise ce papier pour les dessins au crayon de couleur et au crayon graphite. Ce papier est très épais, lisse, brillant et très lourd. Il pèse 250 grammes par m2, ou 145 livres. C'est donc un très bon papier épais et résistant qui fonctionne très bien pour moi. Le seul papier que j'utilise pour mes dessins.

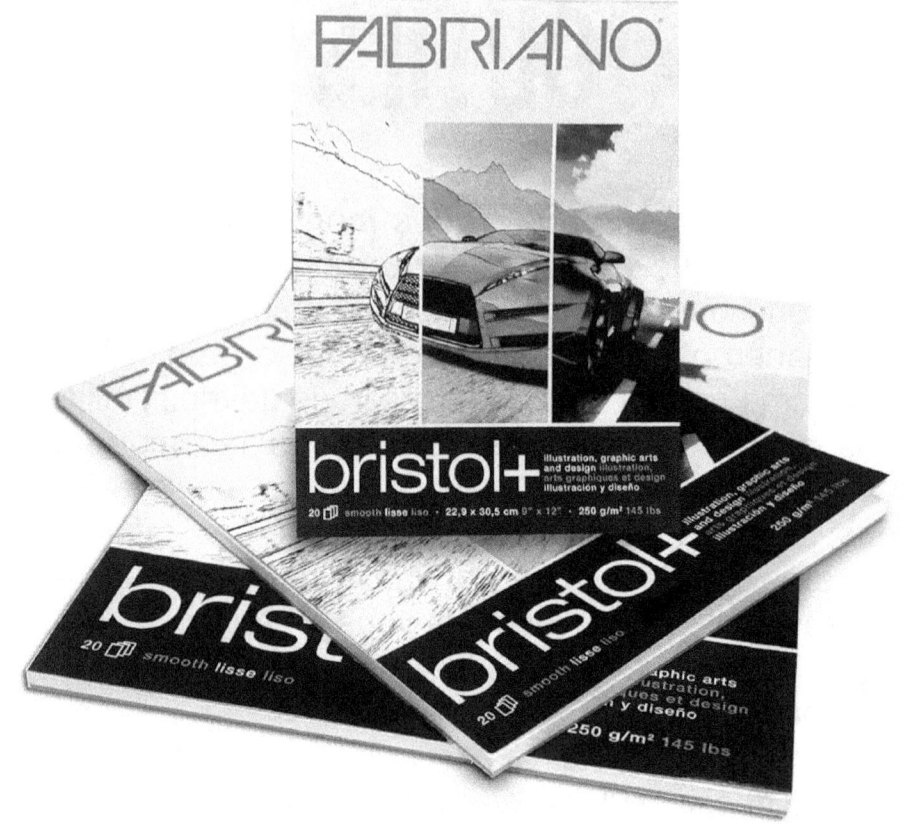

Des crayons

Je recommande d'acheter des crayons de graphite de haute qualité, tels que le Castell 9000 de Faber-Castell que j'utilise, ou toute autre marque similaire. Par exemple: Staedtler Mars Lumograph, Derwent Graphic, Crayons à dessin en graphite Prismacolor Premier, Caran D'ache Graphite Line, Faber-Castell Pitt, Koh-I-Noor Hardtmooth et Lyra Rembrandt Art Design.

Dans l'image suivante, vous pouvez voir les nuances des crayons à votre disposition, mais vous n'aurez pas besoin de toutes.

9H 8H 7H 6H 5H 4H 3H 2H H F HB B 2B 3B 4B 5B 6B 7B 8B 9B

Hardest   →   Medium   →   Softest

En fait, je n'ai que 5 crayons.

- Un 8B, qui est très sombre. Je l'utilise pour les zones très sombres et noires, comme les pupilles et autres.

- J'ai un B, qui est encore assez sombre, mais pas aussi sombre qu'un 4B ou plus sombre. Vous pouvez même avoir un 2B, qui est très similaire à un B, vous pouvez voir qu'ils sont côte à côte sur cette échelle, donc il n'y a pas de grande différence. En outre, il n'y a pas de grande différence entre 4B et 9B, donc c'est suffisant si vous en avez un seul. J'ai un 8B, mais vous pouvez avoir un 6B ou 7B pour les parties où j'utiliserai un 8B. Il est important d'en avoir un plus foncé que le B.

- Pour moi, le plus important est un HB. Avec ce crayon, vous pouvez remplacer les nuances de 3H à 2B en modifiant la pression.

- Un 2H est très bon pour créer une peau avec un mouvement circulaire, que je vous montrerai comment faire

- J'en ai un qui est également très bon pour les zones plus brillantes de la peau et vous verrez comment je l'utiliserai

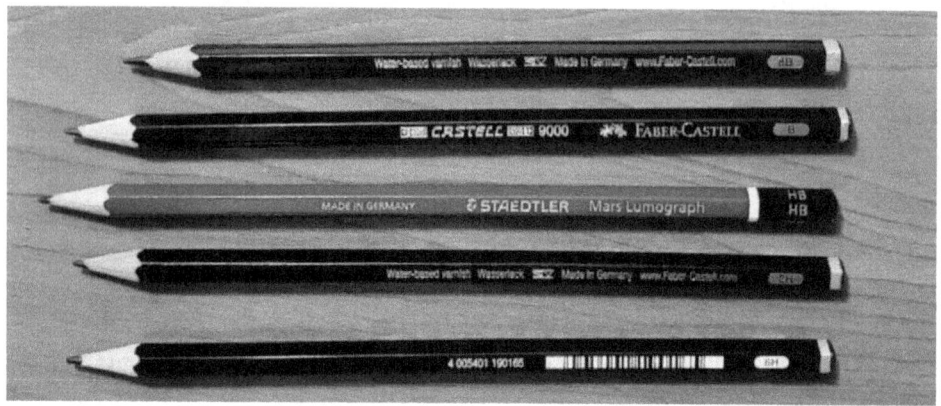

Outre ces crayons, j'ai un crayon mécanique, il n'y a pas de marque, c'est un simple crayon mécanique. Je vais l'utiliser pour les cheveux. J'ai des mines 2B et HB pour ce crayon. Cet outil est très bon pour les cheveux, car vous pouvez créer toujours la même épaisseur de cheveux sans avoir à les affûter. Je ne le recommanderais pas pour la peau. Pour la peau, nous avons besoin d'une pointe très émoussée et j'expliquerai pourquoi.

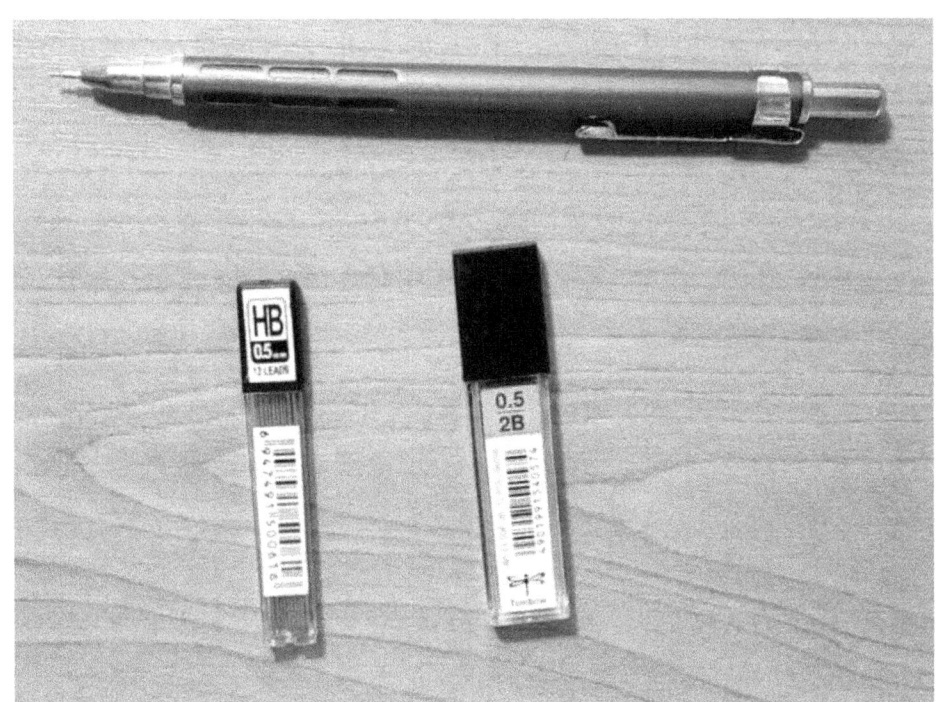

Vous devez avoir quelque chose pour estomper les zones dessinées. J'ai ces estompes, en trois tailles. Cet outil est très bon marché. Vous pouvez estomper des zones minuscules avec eux, mais je ne les recommande pas pour estomper des zones plus grandes, par exemple la peau. Pour la peau, nous allons utiliser un mouchoir en papier. Je suppose que vous avez des mouchoirs à la maison, mais les tampons de coton sont également bons. Vous pouvez même utiliser du papier toilette ou du papier essuie-tout, cela n'a aucune importance tant qu'il n'est pas mouillé et n'a pas d'odeur.

De plus, les cotons-tiges sont très importants pour estomper des zones plus petites, telles que les côtés du nez, ce qui n'est pas si petit pour les estompes. Je mentionnerai toujours lequel je vais utiliser à chaque étape et j'expliquerai toujours pourquoi.

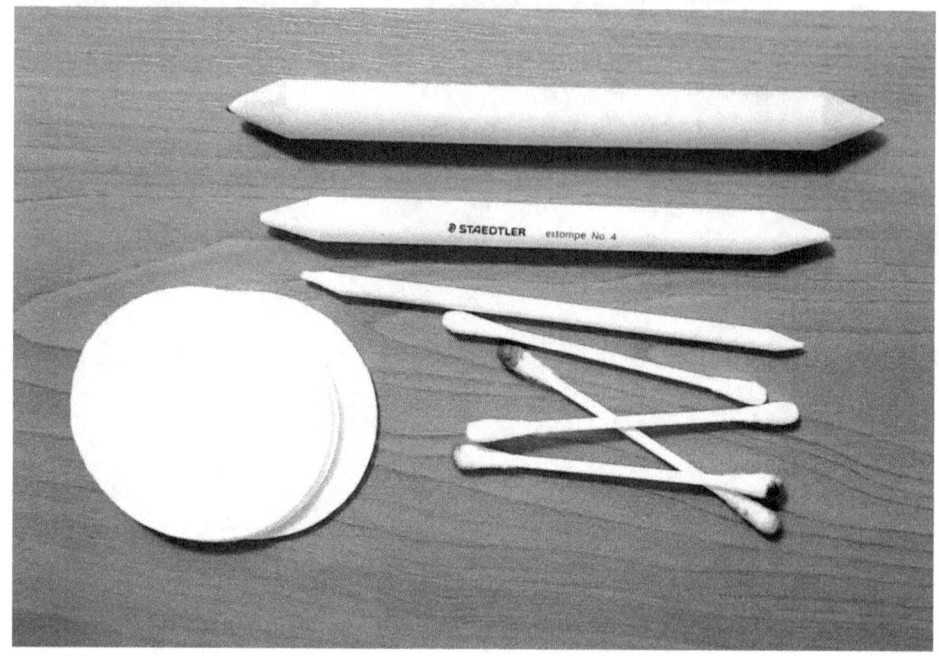

La gomme à effacer est très importante, mais je n'utilise pas la gomme mie de pain si appréciée. J'utilise une gomme en plastique simple et j'ai aussi une gomme en crayon de Faber-Castell, qui a une gomme rouge d'un côté et une gomme blanche de l'autre. J'ai aussi une gomme mécanique de Tombow, ce qui me permet de créer des reflets très minuscules. Elle a une gomme ronde rechargeable et très pratique. Cela a coûté environ 5 $ et vous pouvez l'utiliser pendant longtemps.

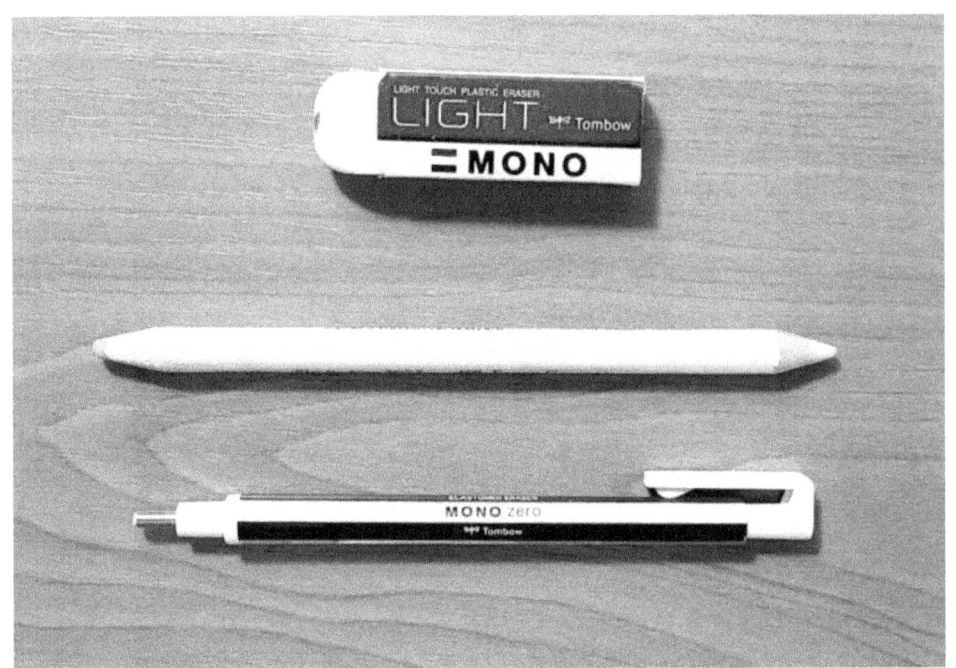

Lorsque vous ne parvenez pas à créer des lumières très brillantes en effaçant, je vous recommande d'acheter un stylo gel encre blanche ou un marqueur fin blanc Uni Posca. Ceux-ci sont opaques et vous pouvez les appliquer sur le graphite, par exemple pour créer une partie brillante des yeux, ce qui suggérera une humidité ou la forme de l'œil. Vous pouvez également éclaircir les cheveux et tout ce que vous voulez. Je les utilise aussi pour mes dessins au crayon de couleur.

Un stylo gel à encre blanche coûte environ 2 $, et un marqueur blanc de Uni Posca environ 3 $ à 4 $, et vous pouvez les conserver plusieurs mois.

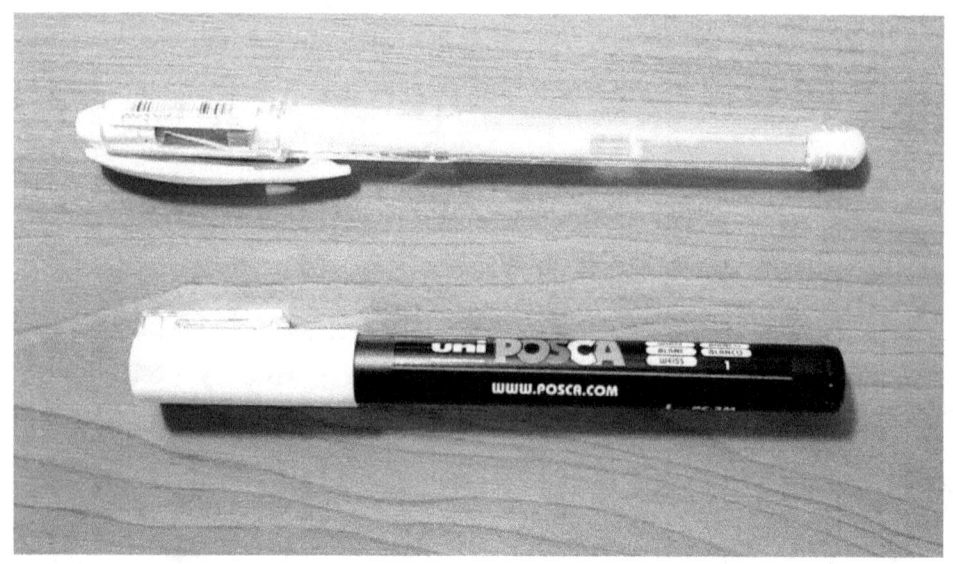

Et vous aurez également besoin d'une règle pour mesurer tout en faisant un croquis.

Croquis

La première chose à faire est de décider de la taille du visage que vous souhaitez dessiner et de l'endroit où vous souhaitez le placer sur votre feuille de papier.

Je veux le haut de ma tête à environ deux centimètres, presque un pouce, du sommet, où j'ai dessiné une ligne horizontale nommée ligne A. Ensuite, vous devez dessiner une autre ligne horizontale pour déterminer la position du bas du menton, je l'ai nommée ligne B.

A

B

15

La prochaine chose à faire est de tracer la ligne horizontale exactement au milieu. Pour ce faire, mesurez entre les lignes A et B; dans mon cas, il s'agit de 19,5 centimètres (environ 3,8 pouces), ce qui signifie que je dois marquer 9 centimètres et 7 millimètres à partir du haut, et faire de même sur les côtés gauche et droit. Reliez ces deux points marqués et vous aurez la ligne C.

Les pupilles seront placées exactement sur cette ligne C. Donc, maintenant nous savons déjà où dessiner les yeux.

A

C

B

17

Maintenant, vous devez déterminer la largeur du visage. Prenez la mesure que vous avez prise entre les lignes A et C; dans mon cas, elle mesure environ 9,7 centimètres, presque 4 pouces. Ajoutez seulement un tiers de cela à cette mesure, à 9,7 centimètres, et vous obtiendrez environ 12 centimètres, 4 pouces et 3/4. Maintenant, marquez cette mesure de 12 centimètres quelque part au milieu de la ligne C, et tracez simplement 2 lignes verticales, qui ne doivent pas être strictement parallèles au bord du papier et entre elles. Nous les appellerons les lignes D.

Nous avons maintenant un cadre d'orientation et nous savons où les pupilles seront placées.

Il est temps de dessiner le contour de la tête.

Commencez par le haut, en passant un peu sur la ligne A horizontale sur quelques centimètres, puis commencez à courber la ligne vers le bas. Je suggère de commencer par des lignes en pointillé pour voir si elles se connecteront au point entre les lignes D et C. Ce schéma n'est pas si important, car nous allons dessiner les cheveux au-dessus, mais nous devons avoir quelques croquis comme lignes directrices. Donc, cette ligne n'est pas le contour pour la coupe de cheveux, mais pour le crâne.

Ensuite, vous pouvez passer à la moitié inférieure du cadre. Commencez par les extrémités de votre contour sur la ligne C, puis descendez pour créer une ligne légèrement incurvée. Ici, vous pouvez faire toute une variété de formes de ligne, car il y a beaucoup de formes du menton. Ici aussi, tracez d'abord des lignes pointillées. Je veux dessiner une femme, et les femmes ont la mâchoire fine et le menton plus étroit. Si vous voulez dessiner un homme, vous pouvez créer un menton plus large. Au bas du menton, suivez également la ligne B un peu horizontalement, puis commencez à la courber vers le haut en créant une ligne pointillée pour voir où elle va se terminer. Ainsi, la forme du menton peut être celle que vous voulez. Vous ne pouvez pas échouer ici : il peut être carré, ovale, souple, long, mais ce que j'ai dessiné est en quelque sorte la forme la plus commune des femmes. Il ne faut pas que tout soit symétrique : certaines imperfections donneront à votre dessin une apparence plus naturelle, car les visages ne sont pas symétriques. Essayez donc de l'éviter.

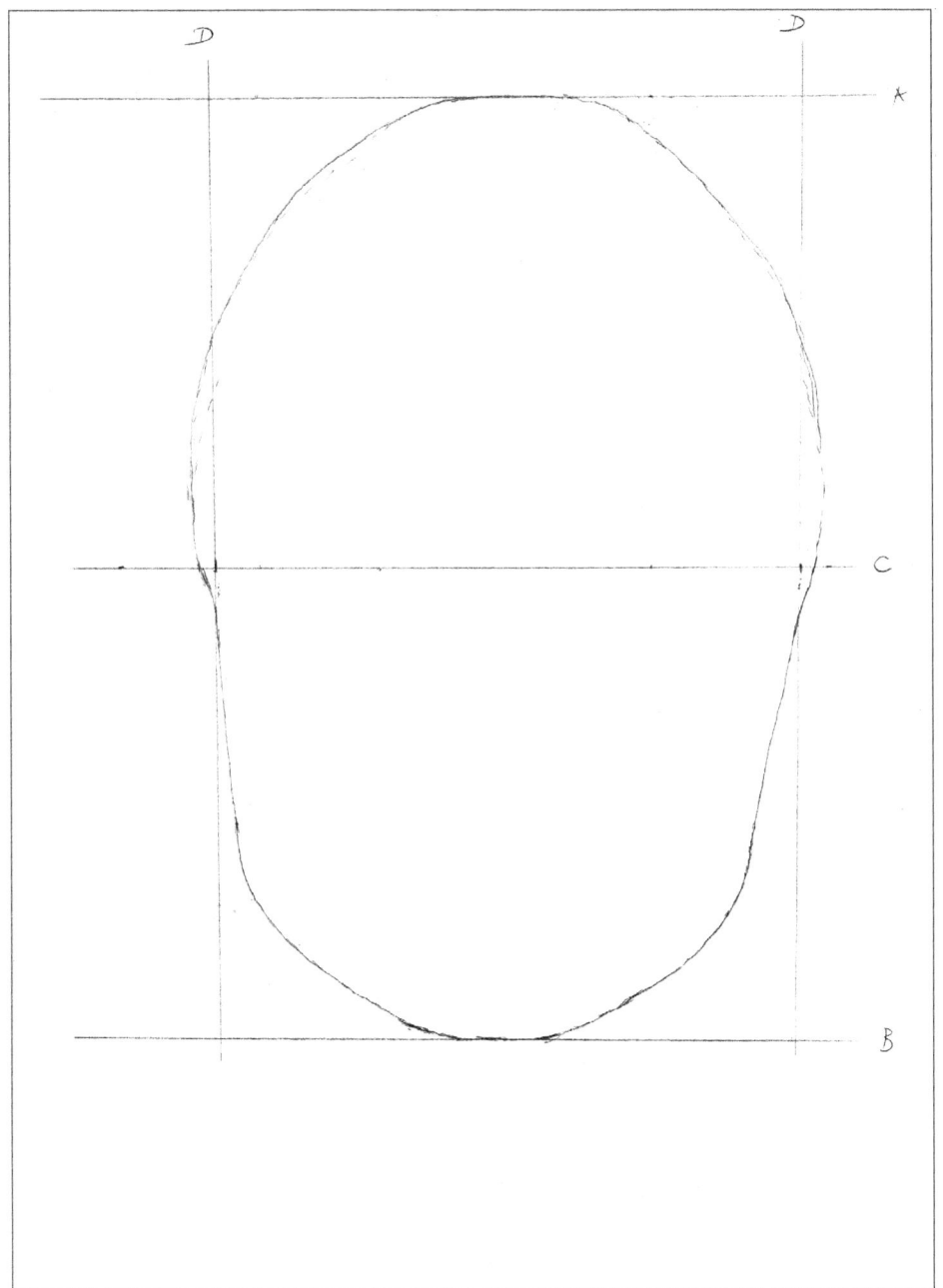

Pour la prochaine étape, dessinons la ligne entre les cheveux et la peau du front. Elle peut également être dessinée n'importe où. Il y a de petits et de grands fronts, vous ne pouvez donc pas vous tromper. J'ai tracé mon contour à 2 centimètres du haut de la tête, de la ligne A.

Comme vous l'avez fait en dessinant la tête, vous pouvez faire la même chose ici. Tracez un peu horizontalement, puis commencez à rendre la ligne plus courbe et à la croiser entre les lignes D et C, comme indiqué dans l'image suivante.

Ce ne doit pas nécessairement être parfait, mais nous avons besoin de cette ligne pour mesurer la position des traits du visage dans les étapes suivantes.

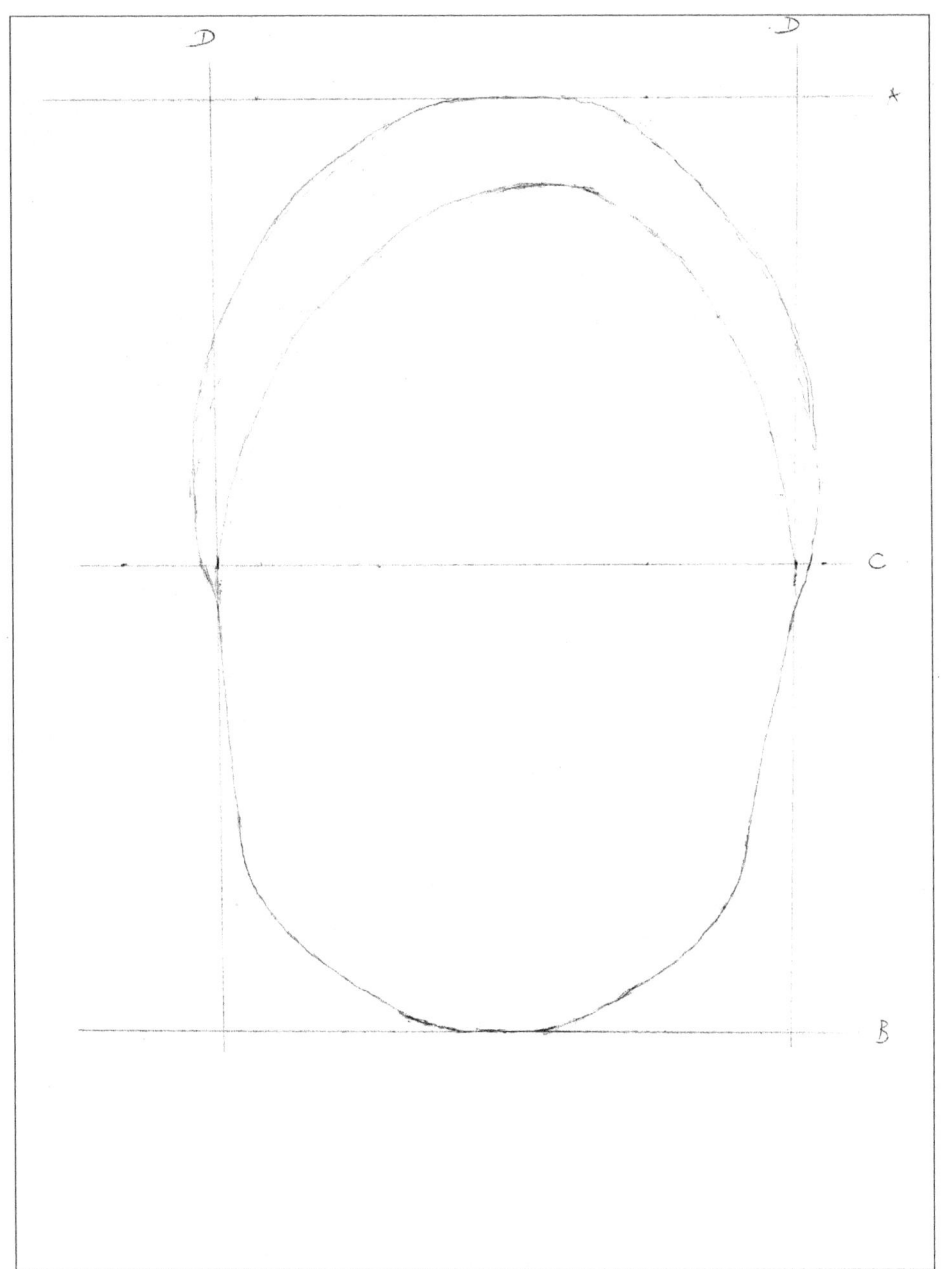

D   D   A

C

B

23

La prochaine chose à faire est de diviser cette hauteur horizontale du visage, en partant du haut du front (et non de la tête) jusqu'au bas du menton, en trois parties égales. J'ai 17,5 centimètres de hauteur, je dois donc mesurer du haut entre les cheveux et le front bien au-dessus de 5,8 cm. Vous pouvez mesurer en pouces, divisez simplement la hauteur que vous obtenez avec 3. J'ai nommé la ligne pointillée au-dessus du front M1.

Ainsi, de la ligne M1 à la suivante, la ligne M2 représente une distance de 5,8 cm. Cette ligne en pointillés M2 se trouve juste au-dessus des sourcils.

Utilisez la même mesure pour déterminer la position de la ligne pointillée M3, qui se trouve juste sous le bas du nez et des oreilles.

La dernière ligne M4 est la ligne B en même temps.

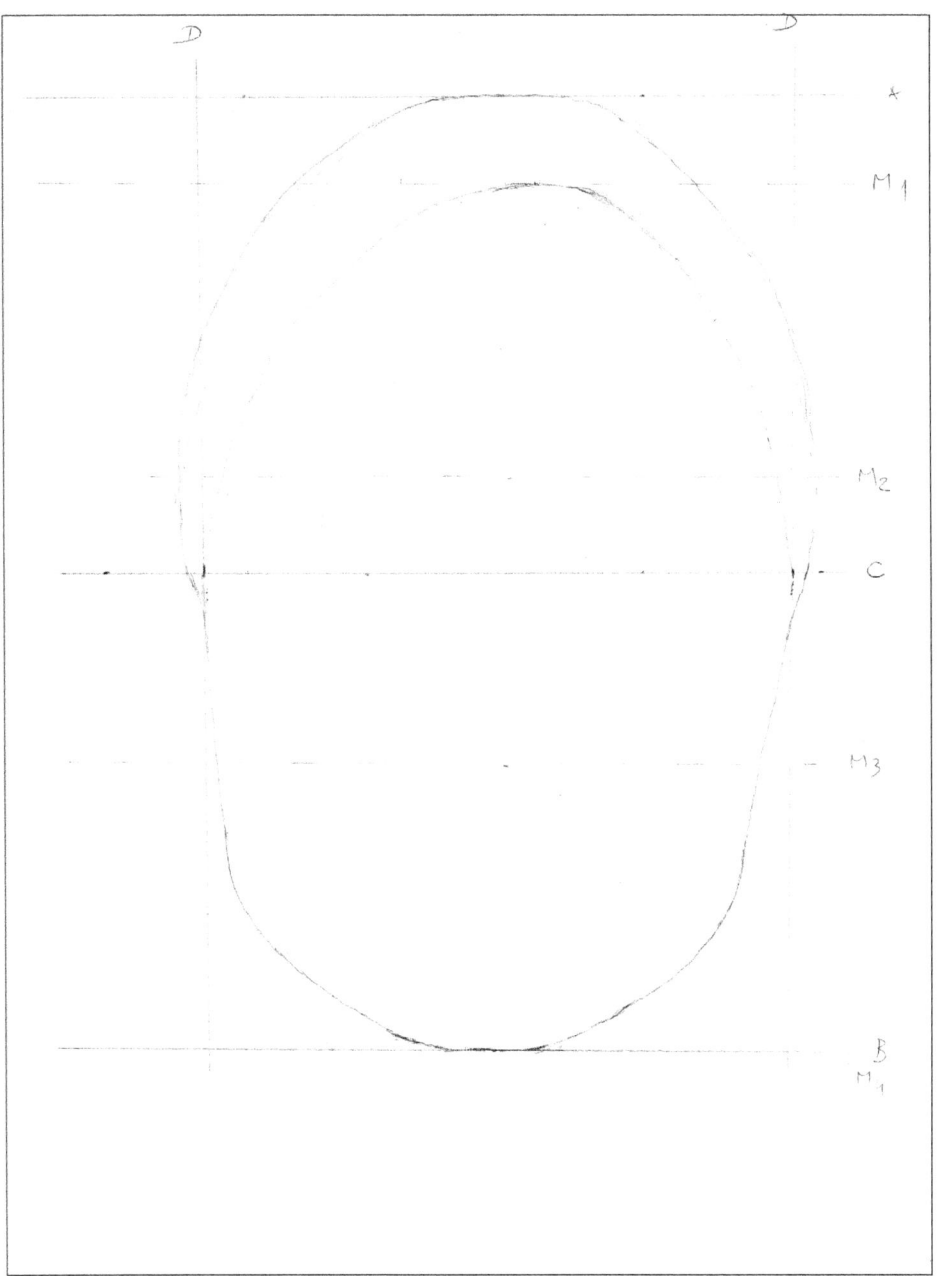

D   D

A

M_1

M_2

C

M_3

B
M_1

Maintenant, nous pouvons dessiner les oreilles. La ligne supérieure des oreilles est M2 et la ligne inférieure est M3. Vous devez donc dessiner les oreilles dans cet espace. Bien sûr, ce n'est pas toujours pareil, vous pouvez donc dessiner des oreilles plus grandes ou plus petites, plus près ou plus loin du visage.

Le sommet de l'oreille peut également avoir n'importe quelle forme. Il suffit de le dessiner un peu plus loin du visage que la partie inférieure de l'oreille, qui devrait être plus proche du visage.

Je dessinerai les cheveux au-dessus des oreilles, mais je veux juste vous montrer où vous devez les placer, si vous voulez les dessiner, et je vais vous montrer comment les ombrer.

Donc, tracez une ligne courbe juste sous la ligne M2 et commencez à la courber vers le bas. Cette longue ligne peut être parallèle au contour du visage. Puis courbez-la vers le visage, juste au-dessus de la ligne M3. Ajoutez quelques détails à l'intérieur de cette zone, comme indiqué dans l'image suivante.

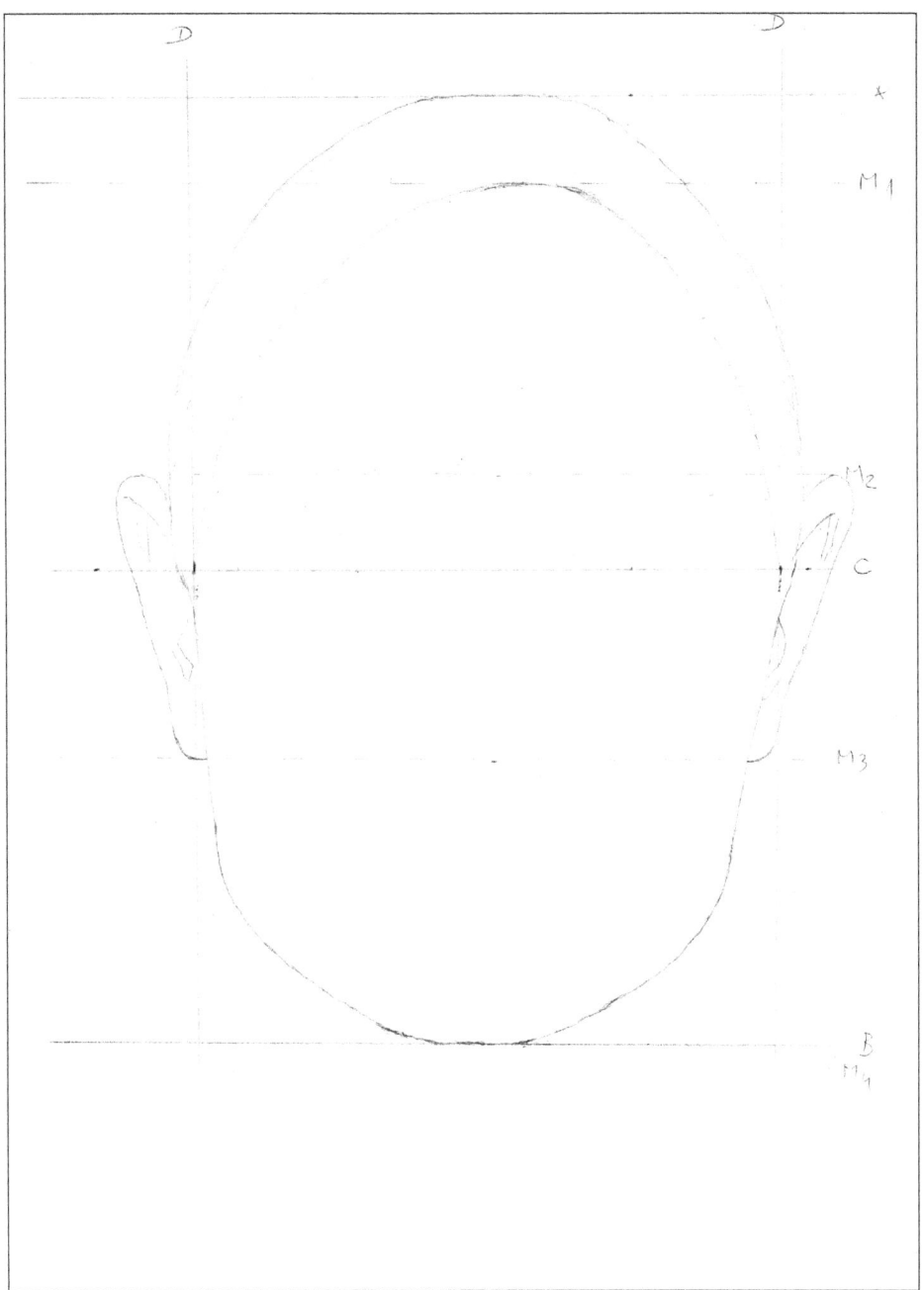

27

Pour déterminer la position des yeux, nous devons diviser la ligne C en cinq parties égales et nous devons également mesurer les oreilles. Ma ligne C mesure environ 15 centimètres de long, alors j'ai fait une zone de trois centimètres de large. Bien sûr, il n'est pas nécessaire que ce soit exactement 3 cm, mais environ. J'ai tracé des lignes verticales en pointillé pour diviser ces zones, pour vous montrer où dessiner les yeux. Vous pouvez tracer ces lignes sur le papier, car vous devrez de toute façon tracer ces lignes sur une feuille de papier vierge. Le papier sur lequel vous dessinez maintenant deviendra sale et endommagé lorsque vous effacez.

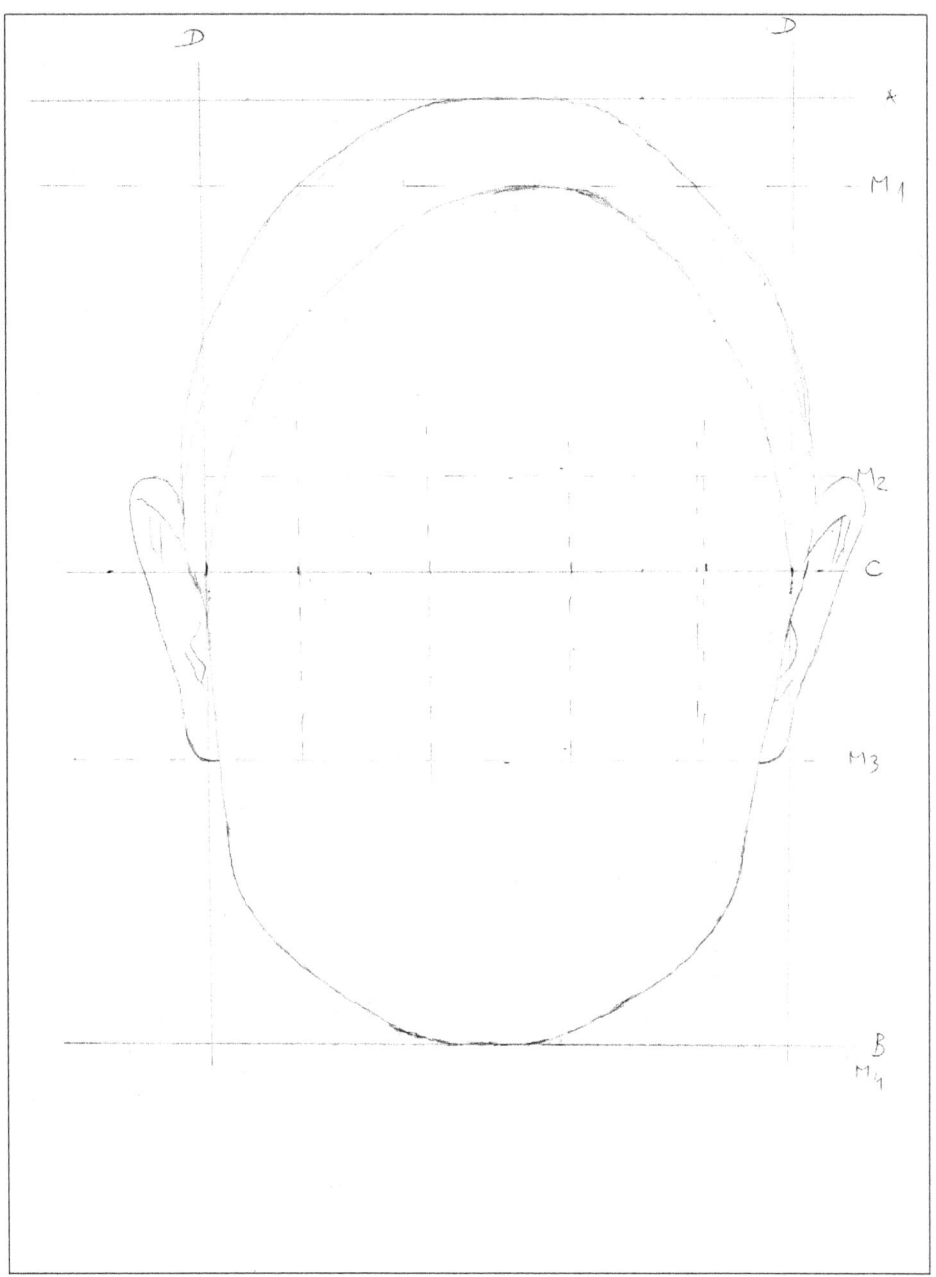

29

Maintenant que nous avons ces cinq zones égales, commençons par les pupilles dans la deuxième et la quatrième zones situées au-dessus de la ligne C. Dessinez de petits cercles pour les pupilles et dessinez des iris autour d'eux. Vous n'avez pas à dessiner la partie supérieure du contour de l'iris, elle sera recouverte par les paupières supérieures.

La largeur de l'œil doit être comprise entre deux lignes verticales en pointillés, dans les deuxième et quatrième zones, en partant de la gauche.

Dessinez les coins extérieurs, qui doivent être placés juste au-dessus de la ligne C, mais les coins intérieurs doivent être placés un peu en dessous de la ligne C. Étudiez l'image suivante avant de dessiner vos contours. Dessinez les paupières inférieures juste sous les iris et faites cette ligne moins courbée que la ligne de la paupière supérieure. La forme de l'œil peut aussi être différente. Tracez le pli aussi, c'est une ligne au-dessus de la paupière supérieure, parallèle à celle-ci.

Créez une réflexion de la lumière où vous le souhaitez sur l'iris ou la pupille. J'en ai marqué deux, une dans la partie supérieure droite de l'iris et une dans la partie inférieure gauche de l'iris. Où que vous dessiniez ces reflets de lumière, assurez-vous de dessiner la même chose sur les deux yeux. Marquez également le canal lacrymal dans les coins intérieurs des yeux. Donc, en fait, entre les deux yeux nous devrions avoir la largeur d'un œil, c'est donc une règle importante à garder à l'esprit lorsque vous faites des portraits. Comme toujours, il existe des exceptions où la distance peut être un peu plus petite ou plus grande.

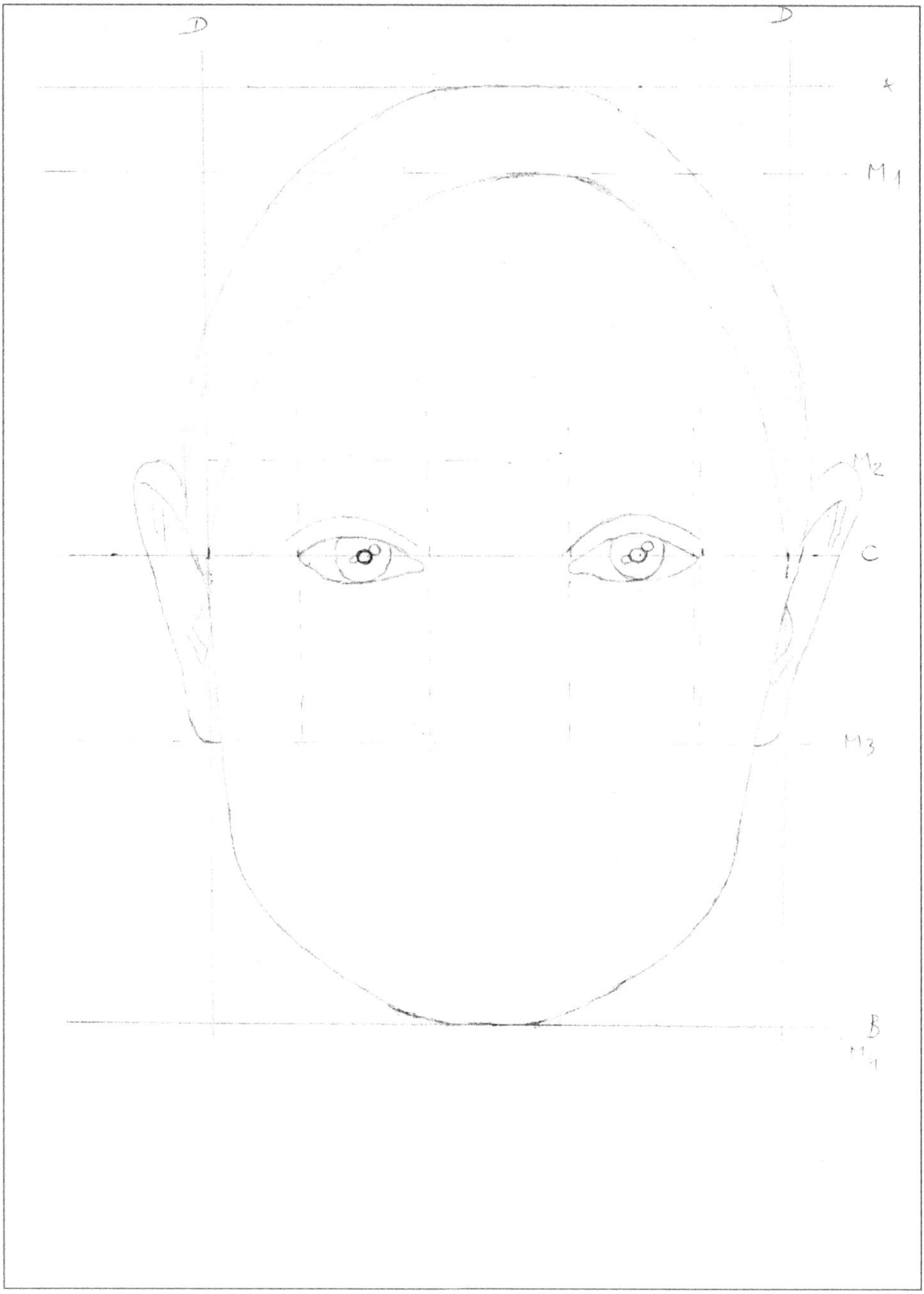
D
D
M1
M2
C
M3
B
M1

La ligne M2 se trouve généralement juste au-dessus des sourcils. Elle peut donc vous aider à déterminer la position des sourcils. Je voulais dessiner des sourcils féminins légèrement arqués sur la partie en surbrillance de la partie inférieure du front, à côté de la tempe. Donc, ce côté-là, dans mon cas, va un peu plus loin que la ligne M2.

Si vous dessinez un portrait masculin, dessinez-les juste sous la ligne M2.

Vos sourcils ne doivent pas nécessairement avoir la même forme que les miens; il existe une variété de formes et de tailles qui peuvent être choisies à la place de celle-ci. Essayez de les rendre identiques, mais pas absolument symétriques. Les sourcils sont généralement plus épais près du nez et plus fins près de la tempe. Vous devriez donc en tenir compte lorsque vous dessinez les sourcils.

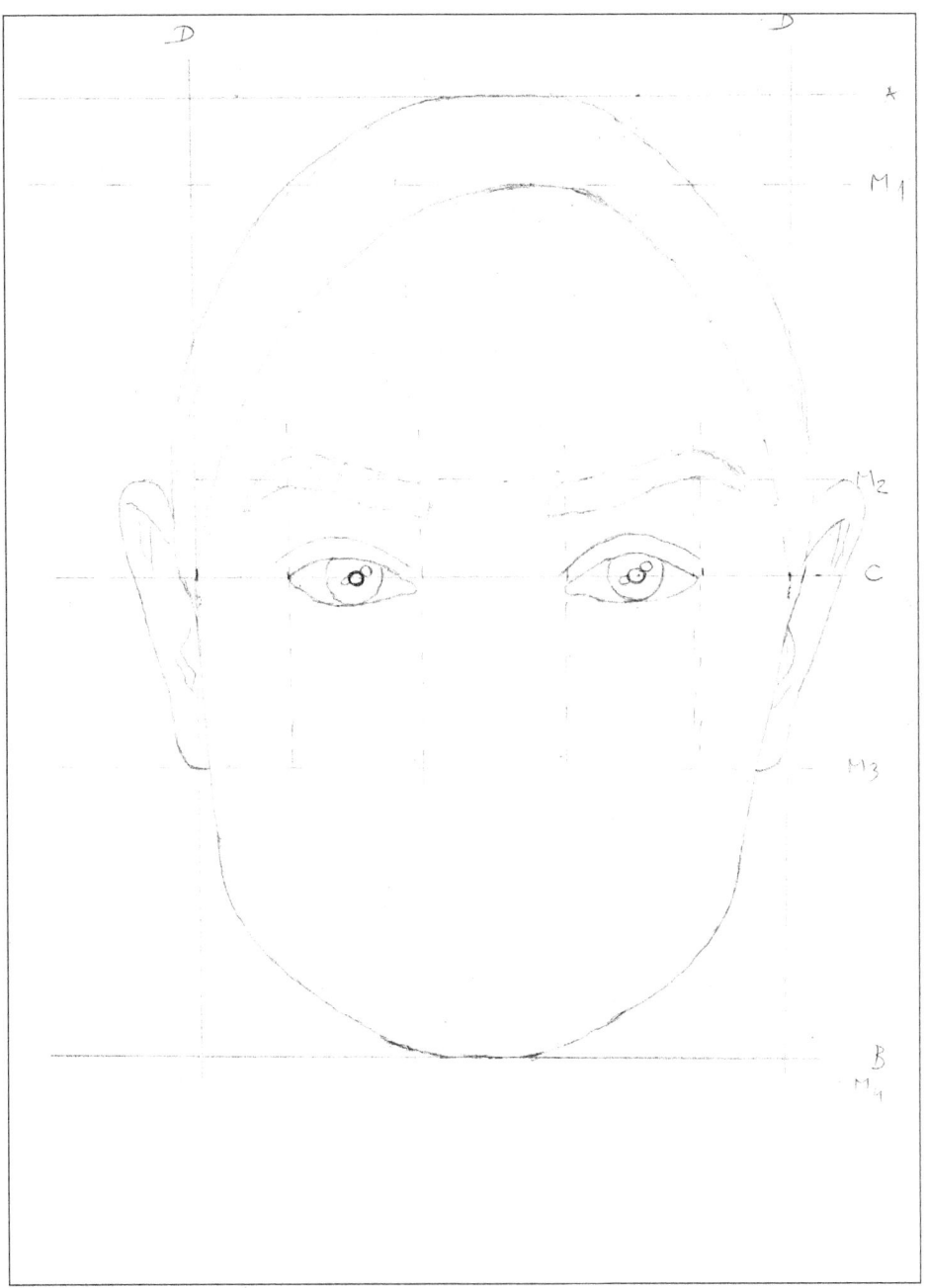

Le bas du nez doit être placé juste sous la ligne M3, mais le haut peut se trouver un peu en dessous de cette ligne.

Les bords des narines doivent être placés juste sous le canal lacrymal, pour s'insérer dans la zone médiane de ces 5 parties égales que nous avons divisées en lignes pointillées verticales. Ces deux lignes pointillées peuvent vous aider à placer le nez dans cette zone.

Tracez également les narines, et comme le nez contient principalement des nuances, il suffit de déterminer la position des narines, des rebords et du bas du nez.

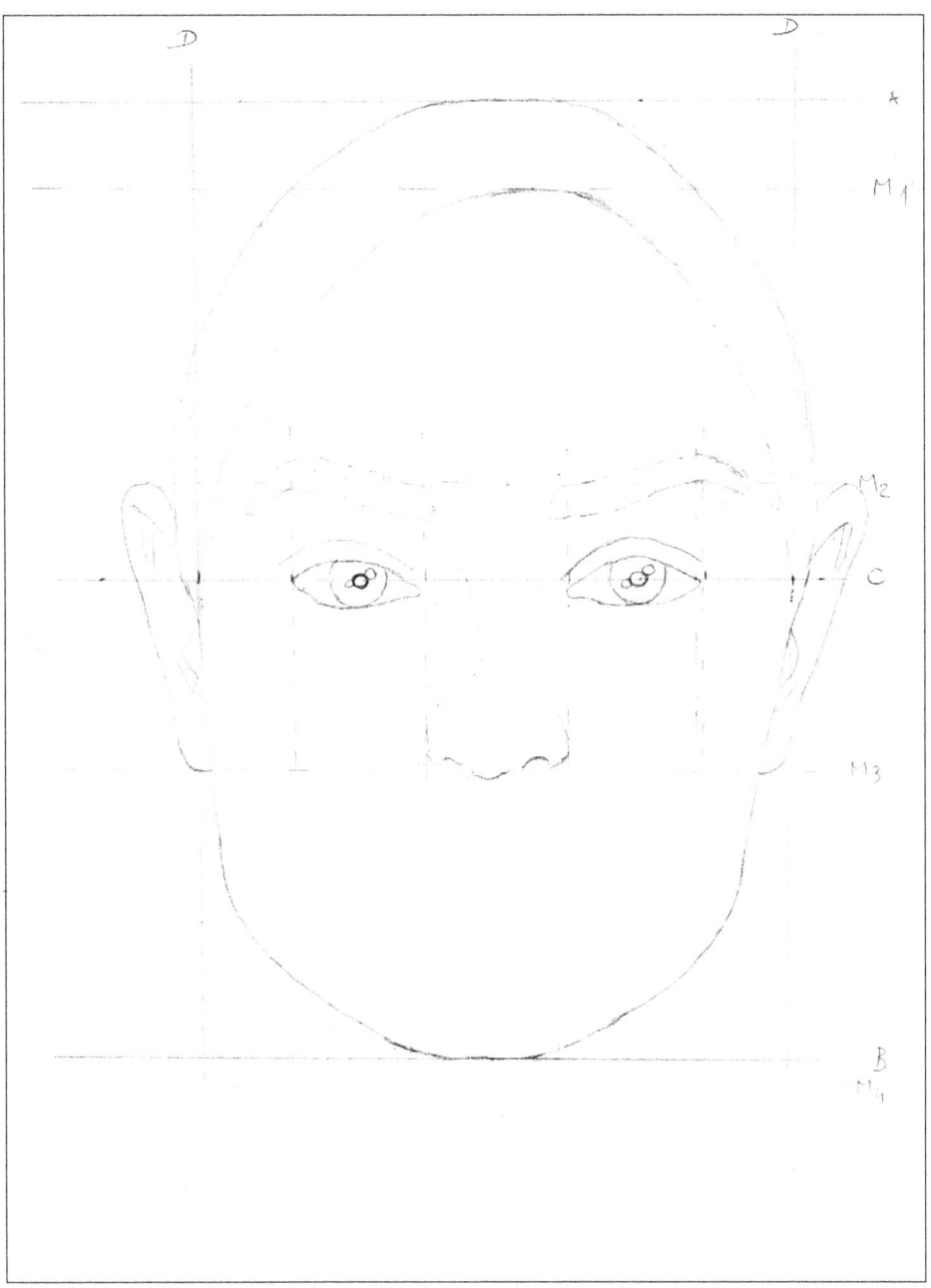

Enfin, déterminez la position des lèvres. Les coins des lèvres doivent être placés sous les pupilles ou la limite interne de l'iris, je veux dire dans la même ligne verticale.

Vous pouvez créer n'importe quelle forme de lèvres, selon vos envies. Il y a beaucoup de formes de lèvres. Vous pouvez dessiner des lèvres plus pleines ou plus petites. Je voulais dessiner un peu les dents pour vous montrer comment dessiner les dents. La lèvre inférieure doit être placée exactement au milieu entre le bas du nez et le menton.

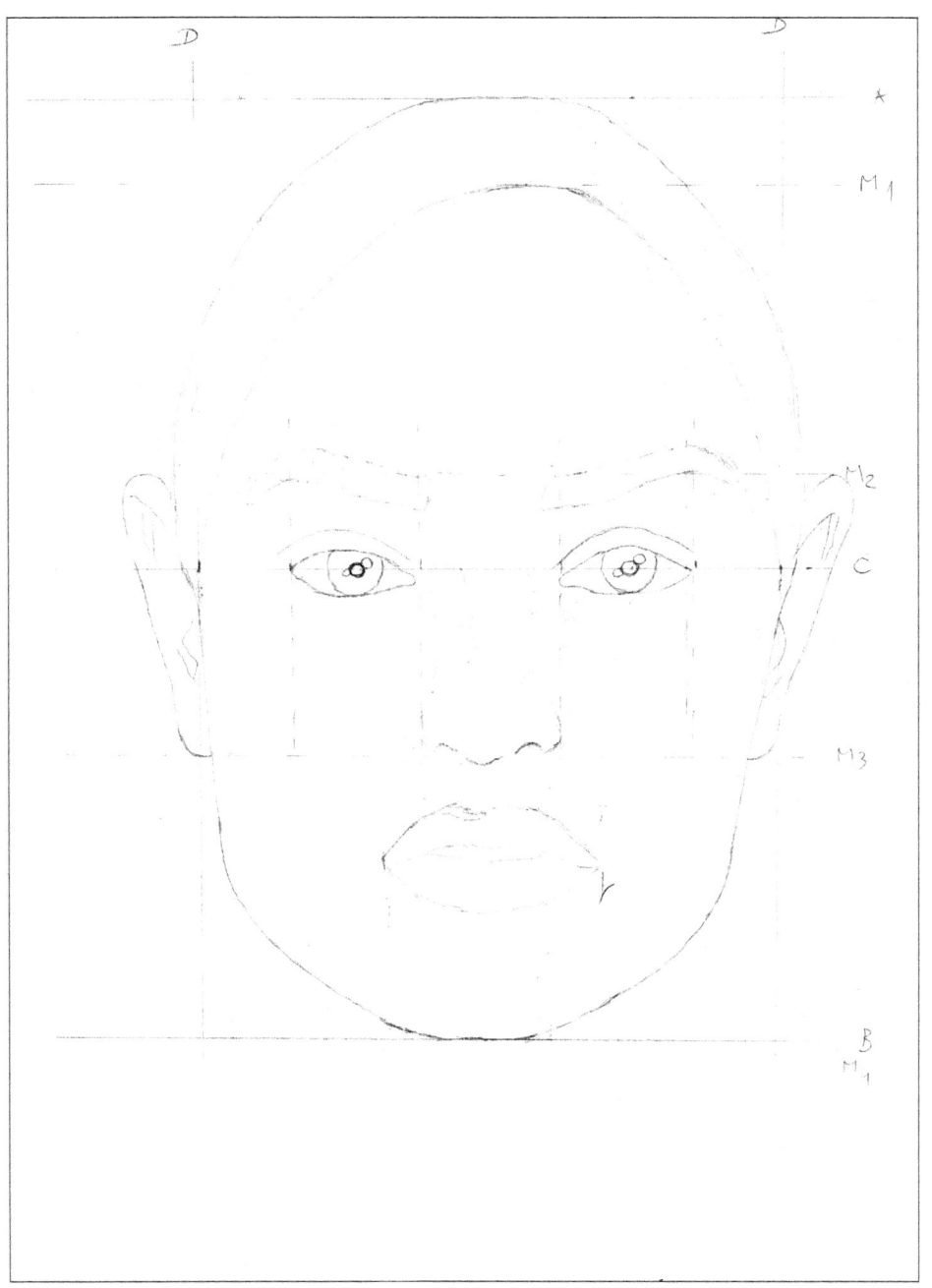

37

Vous pouvez maintenant effacer les lignes de la grille et dessiner sur ce papier ou tracer ce contour sur une autre feuille. Ici, vous pouvez changer tout ce que vous voulez et ajouter des détails, mais bien sûr, tout ça peut être changé pendant la progression du dessin. J'ai dessiné mon croquis sur un morceau de papier propre, mon papier ayant été endommagé par un effacement salissant quand j'ai déplacé ma règle et ma main dessus. J'ai omis certaines lignes inutiles, doubles. J'essayais de trouver la bonne position. Alors, tracez uniquement les lignes dont vous avez nécessairement besoin.

Maintenant, vous pouvez commencer à utiliser un morceau de papier ou un mouchoir sous votre main, afin d'éviter le contact direct entre la peau et le papier. Cela évitera également le maculage des zones déjà dessinées et nuancées.

Alors, concentrons-nous sur une seule caractéristique du visage à la fois.

Commençons par les yeux, qui sont la principale caractéristique du visage. Vous pouvez dessiner les yeux un à un ou, comme moi, les deux à la fois.

À l'aide d'un crayon 8B ou de tout autre crayon plus foncé que 4B, remplissez les pupilles. Les pupilles peuvent être plus grandes, plus petites. Dessinez-les comme vous voulez. J'ai choisi une taille normale. Un crayon 8B est un crayon très foncé, c'est ce dont nous avons besoin pour les pupilles. Je vais toujours utiliser un 8B pour les tons les plus sombres tout au long de ce tutoriel, car je n'ai que celui-ci dans la gamme 4B-9B, mais comme je l'ai mentionné dans le chapitre «Outils», vous pouvez utiliser n'importe quel autre crayon parmi les tons les plus sombres.

Dessinez les pupilles avec un crayon bien taillé pour que les cercles soient parfaits et remplissent complètement le papier.

Dans l'image suivante, vous pouvez voir mon dessin fraîchement dessiné et mes pupilles, mais vous trouverez les images agrandies dans les étapes suivantes pour que vous puissiez mieux voir les détails.

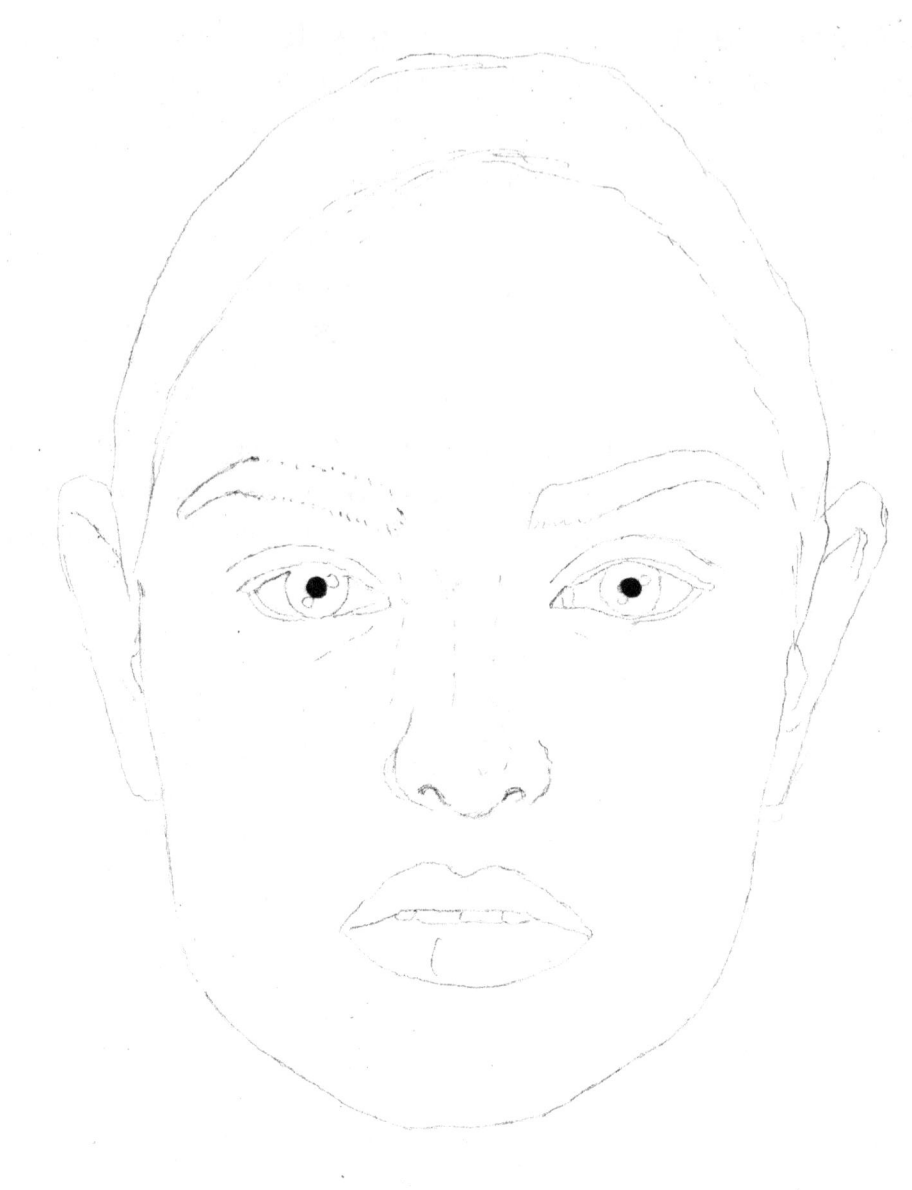

Ensuite, traçons le contour de l'iris. Utilisez pour cela un crayon B; ce devrait être un crayon très pointu. Faites un contour d'environ un millimètre d'épaisseur si vous dessinez sur le format de papier A4, comme moi.

Appuyez plus légèrement dans le bas de l'iris et plus fort sous la paupière supérieure. Essayez de conserver le cercle parfait du contour de l'iris, même si vous n'avez pas tracé de cercle parfait ou si vous pensez que ce n'est pas bon, vous pouvez vous améliorer. Les esquisses sont donc importantes, mais pas aussi importantes que l'ombrage et les lumières. N'oubliez pas de sauter la partie supérieure de l'iris, car nous voulons qu'il soit recouvert de la paupière supérieure. La zone supérieure doit toujours être beaucoup plus sombre que la zone inférieure.

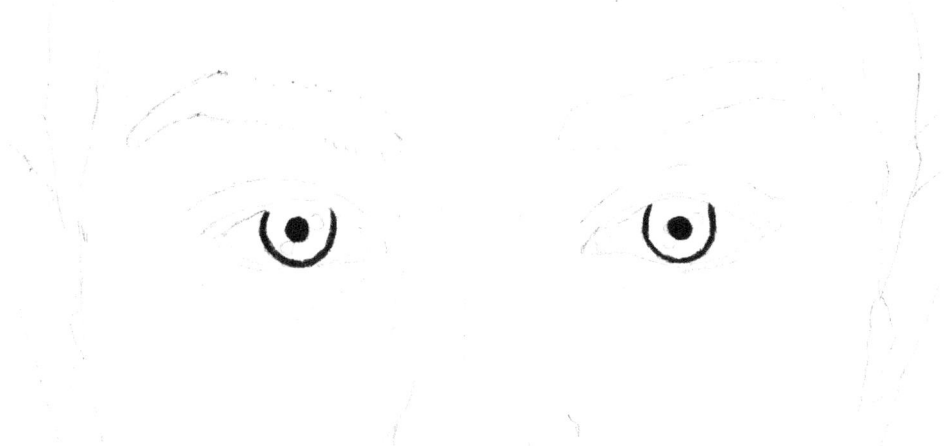

Créez l'ombre, qui est projetée par la paupière supérieure, sur les zones supérieures de l'iris. Utilisez un crayon B pour cela et appuyez très fort. Cette ombre doit être grande, elle peut même atteindre la pupille, cela dépend de beaucoup de choses. N'oubliez pas d'éviter les points lumineux, si vous en avez créé, et dessinez simplement autour d'eux. Étudiez toujours les images qui suivent les instructions pour voir ce que je veux expliquer avant de commencer à travailler sur une étape.

CColorons l'iris en dessinant les rayons qui rayonnent du centre même de la pupille. Ici, vous devez décider du ton à utiliser, car ce ton représentera la couleur de base des yeux. J'utilise un 2H et j'ai changé la pression pour créer une variété de tons différents. Colorez complètement l'iris, tout autour.

Appuyez un peu plus fort à côté du contour de l'iris et évitez bien sûr la lumière réfléchie, où que vous l'ayez placée, dessinez simplement autour. Aussi, appuyez plus fort dans la zone supérieure, car elle est toujours moins éclairée; ou mieux encore, utilisez un HB. Si vous avez exagéré avec des ombres ou si l'iris est trop sombre, vous pouvez simplement l'effacer avec une gomme; vous pouvez toujours éclaircir si vous avez coloré une partie trop sombre. Vous pouvez ajouter beaucoup plus de détails, mais c'est un assez petit dessin, il n'est pas nécessaire d'ajouter de si petits détails. J'ai un tutoriel pour dessiner un seul œil qui est plus grand, et je peux alors entrer beaucoup plus dans les détails pour que vous puissiez voir ce qui en est.

Vous pouvez voir dans l'image suivante qu'en ignorant les zones de réflexion de la lumière, les yeux paraissent brillants.

Sur ce portrait, tout doit être coloré sauf les reflets de lumière. Donc, nous devons également ombrager le blanc des yeux. Nous devons déterminer d'où vient la source de lumière. Je veux qu'elle vienne du coin supérieur droit du papier, et nous devons colorier le dessin en conséquence. Ombrez la sclérotique, le blanc des yeux, en utilisant un 2H dans les coins à gauche. Ces zones doivent être les plus sombres, car elles ne reçoivent pas beaucoup de lumière. C'est ce qu'on appelle l'ombre de soi. Utilisez des mouvements circulaires, en appuyant doucement, et estompez-les avec un coton-tige ou une estompe, mais utilisez-en une extrémité propre, et non celle que vous avez utilisée auparavant pour l'ombrage.

Créez l'ombre sous la paupière supérieure de la même

manière. Cet ombrage suggèrera la rondeur du globe oculaire, il suffit donc de l'improviser en créant une transition de dégradé entre les tons.

Ombrez moins dans les coins à droite, mais créez une ombre plus forte qui est projetée par la paupière supérieure, car ici les cils sont plus denses. N'oubliez pas d'ombrer également les canaux lacrymaux avec un 2H et de les estomper avec une estompe. Vous n'avez pas à appuyer trop fort, allez-y plutôt lentement. Appuyez moins fort, et vous verrez si vous devez ombrer davantage; allez-y encore et encore jusqu'à obtenir un très bon ton. En fait, vous verrez à la fin du dessin, lorsque tout est terminé, si vous devez ombrer davantage la sclérotique. Mais pour le moment, ombrez-les normalement.

Ombrez également l'épaisseur visible de la peau de la paupière inférieure, à l'aide d'une estompe que vous avez déjà utilisée pour ombrer certaines zones plus sombres, de manière à ce qu'il y ait du graphite sur son extrémité.

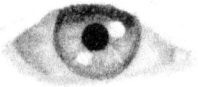
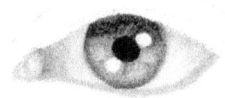

Avant de commencer à dessiner les cils, colorons la peau autour des yeux car les cils doivent être appliqués par la suite.

D'abord, utilisez un HB pour assombrir le pli.

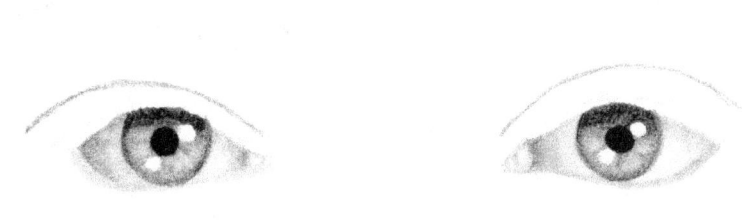

Maintenant, commencez à ombrer la peau autour des yeux avant d'appliquer les cils. Donc, si notre source de lumière provient du coin supérieur droit, l'œil gauche devrait être un peu plus sombre partout. Nuançons d'abord les zones de gauche, entre l'œil et le pli. De cette façon, vous pouvez comprendre que le côté gauche est toujours beaucoup plus sombre que si vous vous concentriez sur un œil à la fois. Utilisez un crayon B pour l'œil gauche et un HB pour l'œil droit. Commencez très à gauche (au-dessus du coin extérieur et au-dessus du conduit lacrymal). Tracez les traits vers la zone médiane en appuyant fortement sur le côté gauche et relâchez la pression tout en vous rapprochant des reflets du centre. Mélangez tout cela avec un coton-tige. Vous pouvez toujours ajouter plus d'ombre si nécessaire. À chaque fois que vous estompez, vous enlevez un peu de graphite, il vous suffit donc d'ajouter à nouveau l'ombre que vous avez effacée.

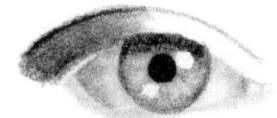 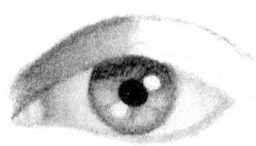

Faites la même chose, mais en partant du côté droit. Utilisez un HB pour l'œil gauche et un 2H pour l'œil droit, et relâchez la pression lorsque vous atteignez la zone médiane, les points lumineux, quelque part au centre, au-dessus de l'iris.

Ombrez également les tons clairs, mais utilisez un 6H en appuyant légèrement et estompez-le avec un coton-tige propre. Nous devons ombrer même les zones les plus lumineuses. Même si certaines zones sont assez lumineuses, vous ne devriez pas penser qu'elles n'ont pas d'ombre.

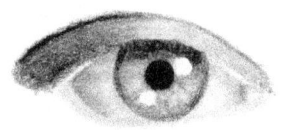 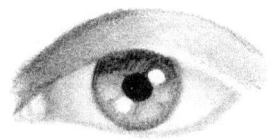

Utilisez un 4B pour renforcer le pli gauche, car vous avez probablement retiré un peu de graphite avec un coton-tige, donc appliquez-le à nouveau. Le pli au-dessus de l'œil gauche doit être beaucoup plus sombre que le pli au-dessus de l'œil droit.

Pour faire le bon pli, utilisez un HB pour le renforcer. De plus, renforcez le contour inférieur des sourcils afin de les rendre plus visibles.

Ombrons d'abord la zone située entre le pli et les sourcils. Nous devons également ombrer cette zone avant les cils, car nous voudrons dessiner des cils plus longs, et certains atteindront certainement cette zone. Donc, nous pouvons simplement créer toute la peau, la partie la plus difficile. Commencez par la partie gauche de l'œil droit, en utilisant un HB, et faites des mouvements circulaires tout le temps. N'appuyez pas trop fort, mais essayez plutôt de progresser lentement. Ainsi, cette zone située au-dessus du canal lacrymal devrait être un peu plus sombre que la zone voisine ou proche de la tempe; c'est une zone très éclairée. Bien entendu, dans le cas de l'œil gauche, cette zone devrait être dans l'ombre. Appuyez plus fort près de la ligne du pli pour faire la transition de dégradé entre le pli et le ton de la peau, en utilisant des mouvements circulaires. L'application circulaire est ce qui est le mieux pour la peau. Nous utiliserons beaucoup cette technique plus tard quand nous allons complètement ombrer la peau. Je ne recommanderais pas d'utiliser des traits ou des hachures croisées pour la peau. Mais, bien sûr, certains aiment dessiner ainsi. C'est une méthode de dessin différente de celle que j'utilise pour créer.

Estompez la zone avec un coton-tige pour rendre la zone plus lisse. Une estompe est trop petite pour cela et peut laisser des lignes épaisses visibles. Un coton-tige ou un mouchoir sont donc bien meilleurs pour estomper de grandes surfaces.

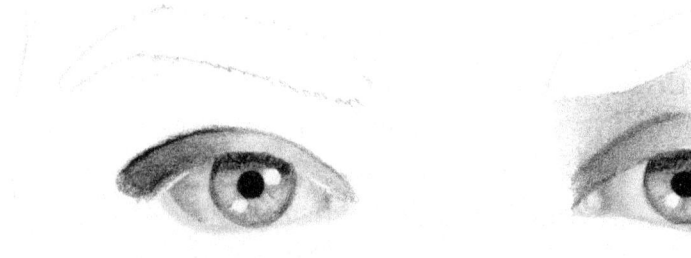

Maintenant, nous pouvons ombrer le côté droit au-dessus du pli en utilisant un 2H, en appuyant fortement au milieu et en relâchant la pression lorsque nous approchons du point culminant sous la partie arquée du sourcil, à droite. Estompez le tout avec un mouchoir.

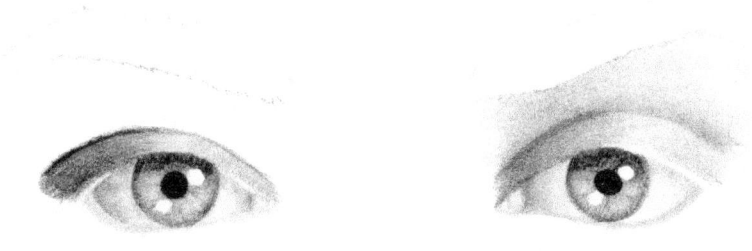

Ombrez l'œil gauche maintenant, mais cette zone devrait être très sombre. Si votre source de lumière provient du coin supérieur droit du papier, ombrez davantage les zones nuancées par la lumière, comme indiqué dans l'image suivante. Utilisez un HB, faites des mouvements circulaires et appuyez plus fort. La zone située juste au-dessus du pli doit être assez ombrée. Par conséquent, appuyez ici plus fort avec un HB. Un HB est assez sombre, n'utilisez donc pas un crayon plus sombre, car vous pouvez toujours créer un ton sombre avec un HB. Vous pouvez voir quelle zone j'ai conservée pour la peau plus lumineuse.

Estompez le tout avec un coton-tige et renforcez le pli avec un 4B ou plus foncé, si nécessaire. Créez la transition de dégradé au-dessus du pli pour suggérer la rondeur de cette zone supérieure.

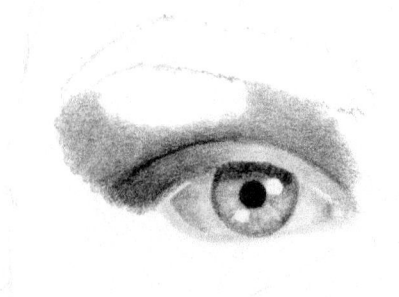
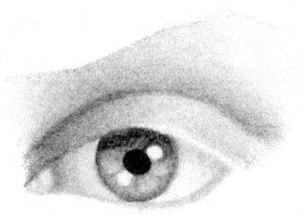

Terminez en ombrant cette zone sous le sourcil, en utilisant un HB. Appuyez de moins en moins à l'approche de la partie arquée du sourcil. Ici aussi, la transition de dégradé entre les tons de gris est très importante. Cette zone est également mise en lumière, mais c'est encore assez sombre, alors utilisez un HB tout le temps et modifiez la pression. Estompez le tout avec un coton-tige ou un mouchoir en papier et améliorez la transition de dégradé avec un crayon si nécessaire. Ensuite, vous estompez à nouveau jusqu'à ce que tout soit parfait. Si vous avez trop ombré, retirez simplement du graphite avec une gomme. Parfois, il suffit d'estomper avec un mouchoir en papier; cela éliminera également une partie du graphite. Vous pouvez toujours l'éclaircir.

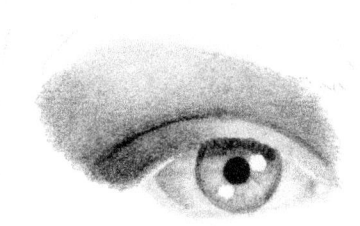 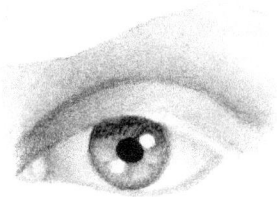

Si vous êtes satisfait de ces zones ombrées, vous pouvez dessiner des cils.

Commencez par les cils verticaux très au milieu, au-dessus de l'iris, car ils sont les plus simples à dessiner. Utilisez un 4B ou plus foncé pour les cils. Mais, bien sûr, vous pouvez utiliser des tonalités encore plus vives, si vous le souhaitez. Certains cils devraient être plus courts, d'autres plus longs. Ajoutez un peu d'ombre portée sur l'iris, si nécessaire. Tracez un trait épais sur les racines des cils pour créer leur propre ombre et une ombre portée par les cils.

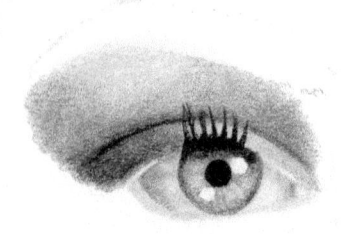 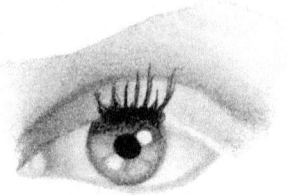

Maintenant, commencez à dessiner les cils vers le canal lacrymal, et faites-les moins denses, plus courts et plus lumineux. Dessinez un peu vers le bas, puis horizontalement vers le conduit lacrymal, puis faites-les légèrement recourbés vers le haut. Les plus petits cils, à côté du canal lacrymal, doivent être dessinés horizontalement. Ombrez également la ligne épaisse entre la sclérotique et la peau au-dessus.

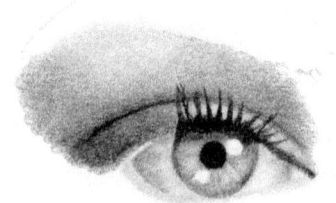 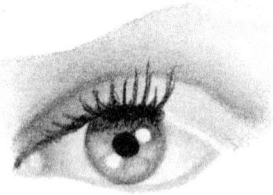

Créez les cils les plus longs vers les tempes. Dessinez-les un peu vers le bas, puis commencez à les courber vers la tempe. Faites-les au hasard, ils ne devraient pas tous avoir la même taille ni aller dans la même direction. Dessinez des cils de plus en plus longs lorsque vous travaillez vers les coins extérieurs des yeux. Ils devraient également être de plus en plus denses, de plus en plus épais. Après avoir dessiné les cils, vous pouvez voir si la sclérotique est trop claire ou trop sombre pour pouvoir retirer de l'ombre ou encore en ajouter davantage. Cela sera encore plus évident à la fin du dessin, lorsque nous aurons dessiné complètement les zones environnantes.

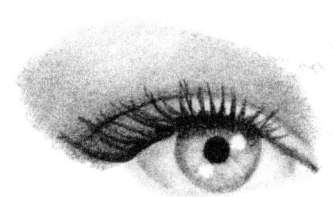 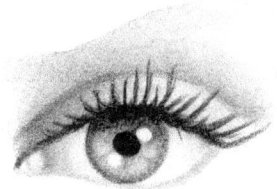

Maintenant, nous pouvons ombrer les zones situées sous les deux yeux en utilisant un HB et un mouvement circulaire. Cela est nécessaire pour que nous puissions dessiner des cils ici aussi, puis passer aux prochaines étapes. Ombrez juste sous l'épaisseur de la peau, sur ce muscle, qui est une sorte de muscle circulaire, faisant tout le tour de l'œil. La zone au milieu devrait être mise en évidence. Appuyez beaucoup plus fort sous l'œil gauche. En vous référant à notre source de lumière dans le coin supérieur droit, les zones sur les côtés gauches doivent être davantage ombrées. Vous pouvez donc utiliser un crayon B pour la zone située sous le coin extérieur de l'œil gauche. La zone sous le droit devrait être plus lumineuse. Essayez de couvrir les zones de manière uniforme.

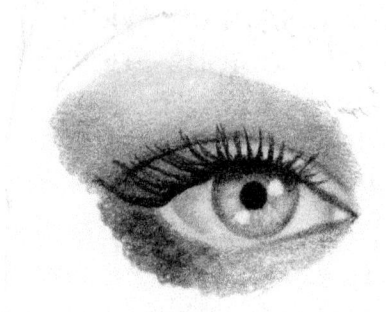 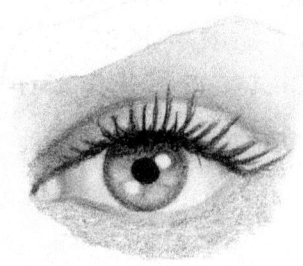

Estompez le tout avec un coton-tige, en utilisant également des mouvements circulaires, et estompez soigneusement tout ce que vous avez ombragé. Vous verrez comment ça devient très lisse après le mélange, c'est incroyable. Ces conseils sont très utiles pour des zones comme celle-ci, ni trop grandes ni trop petites. Les mouchoirs sont bons pour une zone un peu plus grande. Vous pouvez ajouter des détails si vous souhaitez plus de détails.

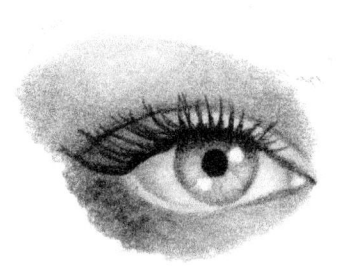 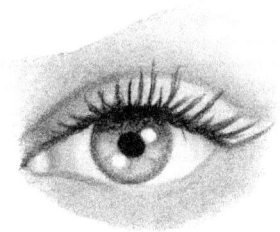

Maintenant, nous pouvons dessiner des cils. À côté des conduits lacrymaux, dessinez des cils très courts et minuscules. Ils devraient devenir plus gros, plus longs et plus denses à mesure que vous les dessinez vers les coins extérieurs des yeux. J'utilise un HB pour ces cils parce que les cils plus bas devraient être un peu plus clairs que les cils supérieurs; ils sont toujours plus minces.

Faites en sorte que leurs extrémités se rejoignent et créent la forme de tentes. Une partie des cils devrait pousser un peu sous le bord entre l'épaisseur de la peau et la peau en dessous. Vous devriez vérifier la photo de référence ou regarder dans le miroir pour vérifier leur position. Utilisez un crayon B, ou même plus foncé, pour les cils situés sous le coin externe de l'œil gauche.

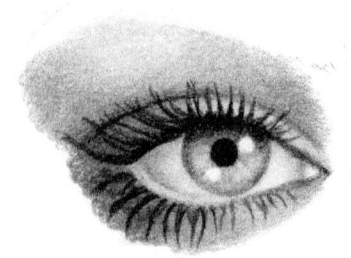 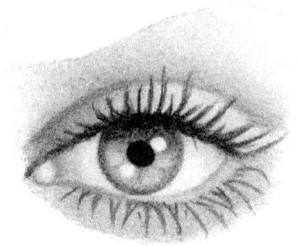

Dans cette étape, nous pouvons faire quelques retouches pour améliorer le dessin, mais bien sûr, vous pouvez le faire à la fin du dessin. Je voulais juste vous montrer comment créer des points forts avec une gomme ou un marqueur blanc, au centre, juste sous le contour de l'iris et sur les canaux lacrymaux pour suggérer la moiteur des yeux. Dans l'image suivante, vous pouvez voir comment les yeux semblent plus brillants maintenant.

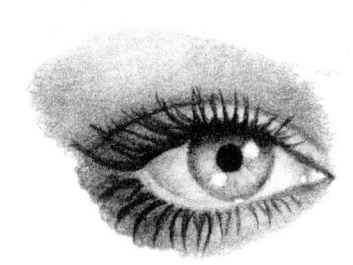 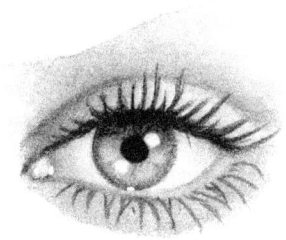

Maintenant, nous pouvons dessiner les sourcils. Dans l'image suivante, vous pouvez voir les lignes fléchées que j'ai placées numériquement pour vous indiquer la direction et la position des poils que vous devez dessiner.

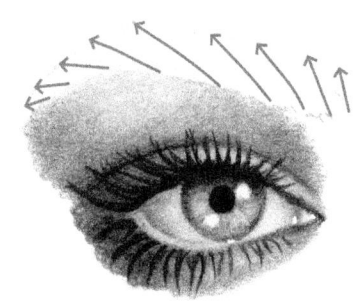 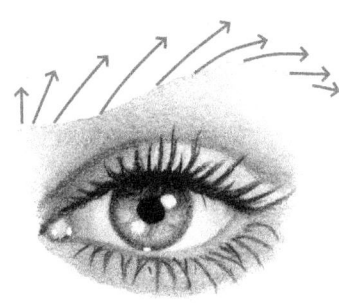

Alors, référez-vous constamment à cette image et

dessinez des sourcils plus fins et plus courts lorsque vous vous dirigez vers la tempe. Utilisez un HB pour le sourcil droit et continuez à dessiner dans le sens de ces flèches. Les sourcils peuvent être plus épais, plus minces, peu importe la forme, mais l'orientation de la pousse des cheveux est la même, peu importe les circonstances, et vous devez suivre ces règles si vous souhaitez dessiner des dessins photoréalistes.

Lorsque vous les dessinez sur l'arc, la zone plus lumineuse, appuyez un peu moins. Ici, nous avons des lignes horizontales que vous redressez en vous rapprochant de la tempe. Vous devriez appuyer plus fort à côté de la tempe. J'ai créé des sourcils un peu plus épais parce que je veux les rendre plus visibles et qui accrochent le regard, mais vous pouvez faire des sourcils plus minces si vous le souhaitez.

Pour le sourcil gauche, utilisez un crayon B et pressez moins sur la zone lumineuse.

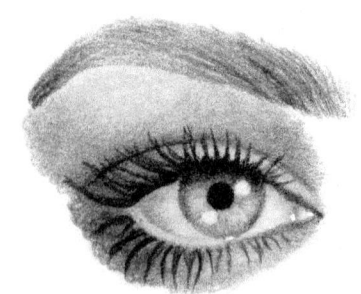 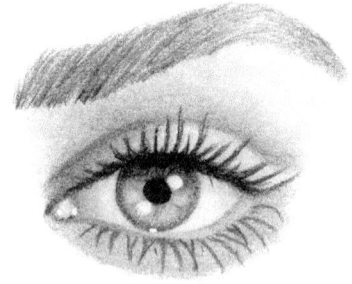

Estompez-les un peu avec une estompe. Essayez de garder la pointe de votre estompe dans la zone des sourcils, n'estompez pas trop le tour. Vous pouvez voir dans l'image suivante comment ils paraissent beaucoup plus doux après l'estompe.

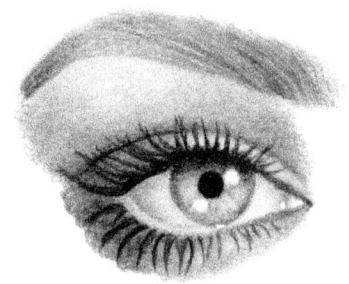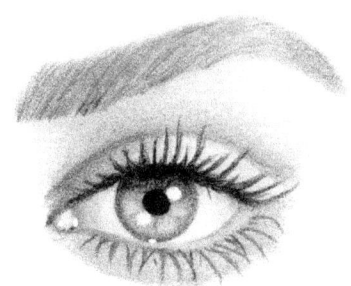

À l'étape suivante, nous pouvons ajouter des poils plus clairs sur les parties saillantes, principalement dans la partie supérieure des sourcils. Utilisez un bout pointu de votre efface et effacez doucement les poils plus clairs en suivant également la direction de ces flèches.

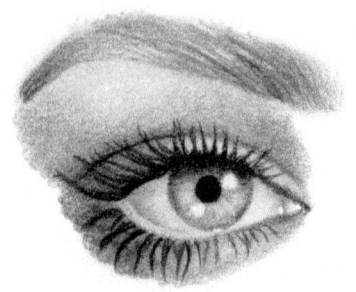
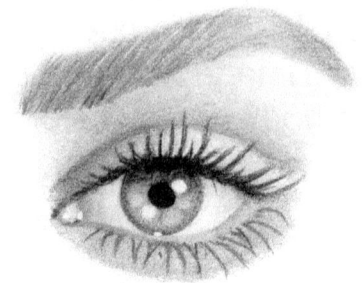

Enfin, nous pouvons créer les parties les plus sombres de la moitié horizontale inférieure des sourcils, car ces zones sont moins éclairées. Utilisez un crayon 2B-4B et couvrez complètement la moitié inférieure des poils. Dessinez aussi une partie des poils noirs dans la partie supérieure, aléatoirement, principalement parmi les poils plus clairs. Si vous dessinez un homme, vous pouvez ajouter de minuscules poils hors du contour des sourcils, en particulier près de la tempe. Comme toujours, vérifiez les photos de référence ou étudiez les traits du visage de vos amis et des membres de votre famille.

Si vous vous tenez à l'écart de votre dessin et que vous le regardez de plus loin, vous verrez alors à quel point les lumières sont visibles, à quel point les ombres sont puissantes et comment elles se rapportent les unes aux autres. Ainsi, vous pourrez voir beaucoup de choses que vous ne pouvez pas voir quand vous les regardez de plus près.

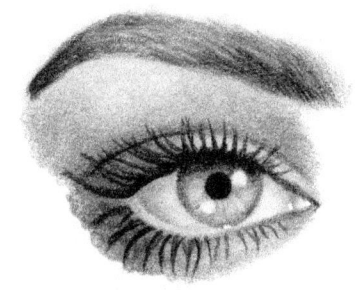 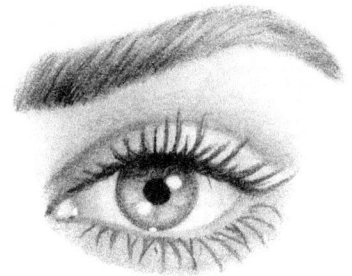

Nous pouvons maintenant passer au nez.

Marquez les narines et projetez une ombre sur le côté gauche de la narine gauche, en utilisant un 4B ou plus foncé. En outre, renforcez la ligne sous le nez et gardez à l'esprit la source de lumière lorsque vous faites l'ombre du nez. Vous devrez probablement renforcer ces ombres plus tard, car vous devrez tout estomper et le graphite sera effacé. Parfois, les narines peuvent ne pas être visibles, cela dépend du type de nez que vous souhaitez dessiner.

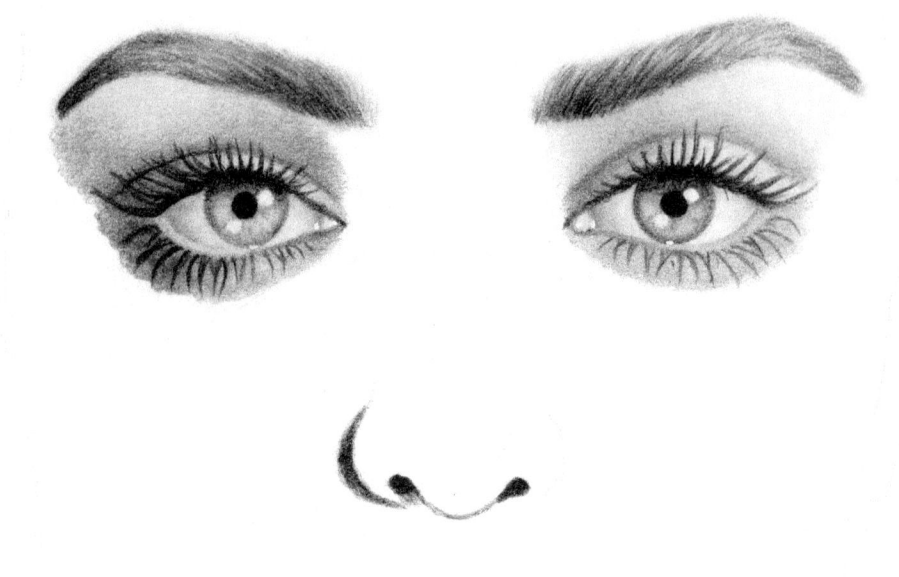

La prochaine étape consiste à ombrager le tout, la zone ombrée à gauche et sous le nez. Utilisez un HB, appuyez très fort dans les zones qui reçoivent le moins de lumière et relâchez la pression tout en ombrant les zones les plus éclairées. Étudiez ma prochaine image pour voir les zones que j'ai ombrées. C'est un travail qui prend beaucoup de temps et vous devriez prendre votre temps. Un HB est très bon parce que vous pouvez créer une très grande variété de tons de 2B à 5H, uniquement en modifiant la pression exercée sur le crayon. C'est probablement pourquoi il porte le nom HB, parce que vous pouvez l'utiliser comme l'un ou l'autre. Bien sûr, il ne peut pas créer un ton aussi sombre que le 8B, par exemple, mais c'est un crayon indispensable, car il peut en remplacer plusieurs.

Continuez à utiliser des mouvements circulaires tout le temps pour la texture lisse. Regardez l'image suivante pour voir à quel point mes petits cercles qui se chevauchent sont visibles. Mais pas de panique, nous allons estomper les zones et l'apparence sera encore plus douce. S'il vous plaît, n'utilisez pas de traits ou de hachures croisées. Je sais qu'ils prendraient moins de temps, mais le résultat serait décevant. Comme dans beaucoup de choses dans la vie, plus de temps consacré au travail donnera de meilleurs résultats.

La taille de la zone que nous ombrageons à cette étape dépend de la taille du nez et de la source de lumière qui passe sur le visage. Dans cette étape, ne faites aucune transition de dégradé, car nous le ferons plus tard. J'ai divisé ce travail en petites actions, pour que vous vous concentriez sur une chose à la fois.

Laissez le contour extérieur du côté gauche intact, car ici nous devons créer une lumière réfléchie. Donc, dessinez simplement autour comme vous pouvez le voir dans l'image suivante. Faites la même chose au bas du nez et ombrez sa propre ombre au-dessus. L'ombre de soi et la lumière réfléchie en dessous suggéreront une rondeur du nez et le sépareront réellement du visage, le faisant paraître plus près de l'œil du spectateur.

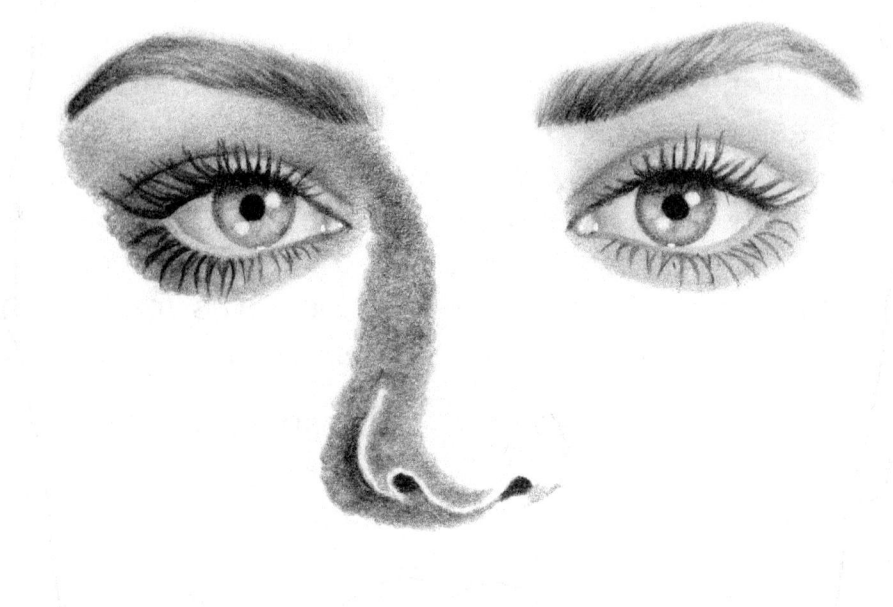

Passez maintenant à un 2H et ombrez tout autour de la zone précédemment ombrée. Même mouvement circulaire, en appuyant fortement sur le bord de la zone HB et en relâchant la pression lorsque vous vous éloignez de celle-ci, car nous devons créer une transition de dégradé du ton très sombre au ton de base de la peau. Quand je parle de couleur de base de la peau, je parle du ton de la peau qui n'est pas affecté par la lumière, mais qui ne se trouve pas dans l'ombre. Dans l'image suivante, vous pouvez déjà voir comment le haut du nez semble arrondi à cause de cette transition de dégradé, qui est toujours très importante.

L'ombre portée plus sombre à côté du bord est une

ombre projetée par la narine et nous l'avons ombragée à l'étape précédente, mais en utilisant un 2H, faites une ombre plus éloignée du nez sur la zone inférieure gauche située sous celui-ci, pour créer l'ombre projetée par le haut du nez. Cette ombre sera beaucoup plus éloignée du nez et plus claire que l'ombre portée très près du nez.

L'effet sera que le haut du nez est plus proche de l'œil du spectateur que des côtés du nez. Cette distance n'est pas trop grande, mais nous devons aussi l'improviser. Ne faites pas de progrès soudain, mais passez encore et encore sur la même zone en effectuant des mouvements circulaires. Gardez à l'esprit qu'une fois que vous appliquez un 2H ou un ton clair similaire, vous ne pourrez plus assombrir la zone d'ombre, même si vous passez dessus avec un 4B ou plus sombre. C'est pourquoi il est important d'utiliser d'abord un crayon très foncé pour les zones censées être dans l'ombre.

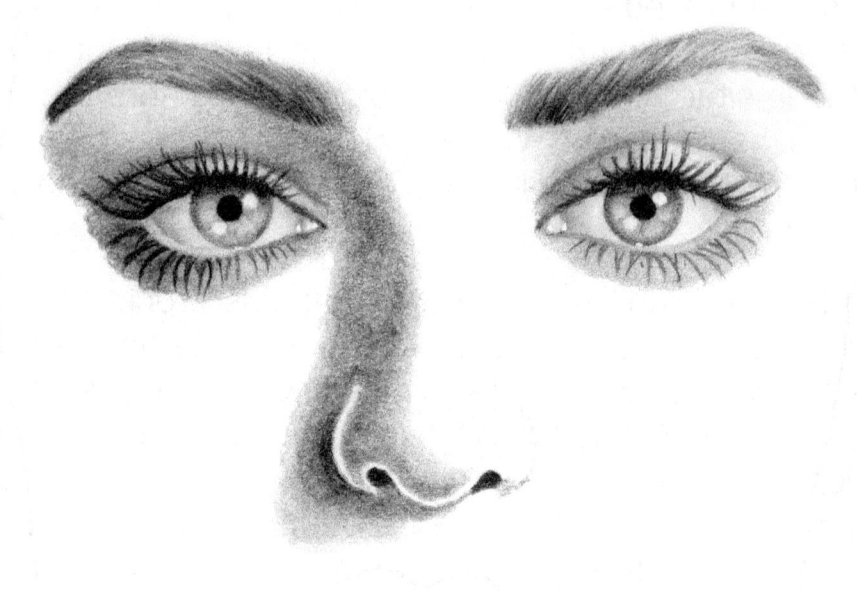

La prochaine chose à faire est d'ombrer la zone précédemment ombrée de la même manière, en appuyant plus fort à côté de cette zone, et en relâchant la pression lorsque vous vous éloignez de celle-ci, en utilisant un 4H. Vous pouvez toujours utiliser un 2H, mais appuyez moins fort. Vous devez utiliser l'embout plat de l'un des crayons H, car ils risquent de rayer votre papier s'ils sont pointus. Avec la pointe émoussée, vous pouvez créer des zones très lumineuses sans rayer le papier.

Laissez intact le point culminant au-dessus du nez - comme indiqué dans l'image suivante – et ombrez simplement autour du point minuscule. Appuyez plus fort entre le bord du côté droit et le haut du nez. Aussi, ombrez tout le côté gauche du pont, toujours en utilisant un 4H. J'essaie d'utiliser un seul crayon à chaque étape pour que vous puissiez mieux comprendre.

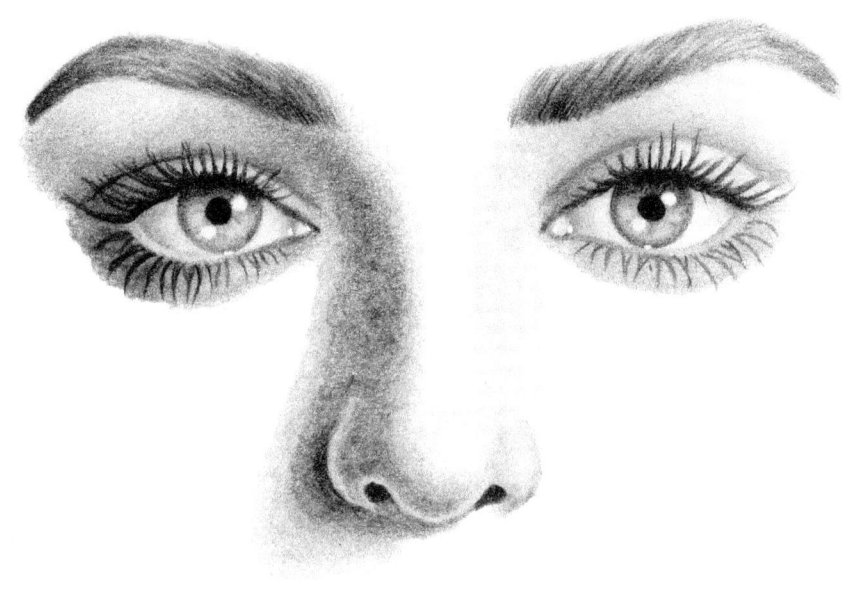

Maintenant, estompez le tout. Utilisez un coton-tige pour estomper le côté gauche, qui est plus foncé, mais utilisez un morceau de tissu propre pour estomper les zones les plus claires du côté droit. Appuyez fort pour remplir la dent du papier avec le graphite. Vous pouvez voir comment la zone ombrée est plus lisse après le fondu. Vous pouvez à peine voir les minuscules cercles qui se chevauchent, qui étaient bien visibles avant le mélange.

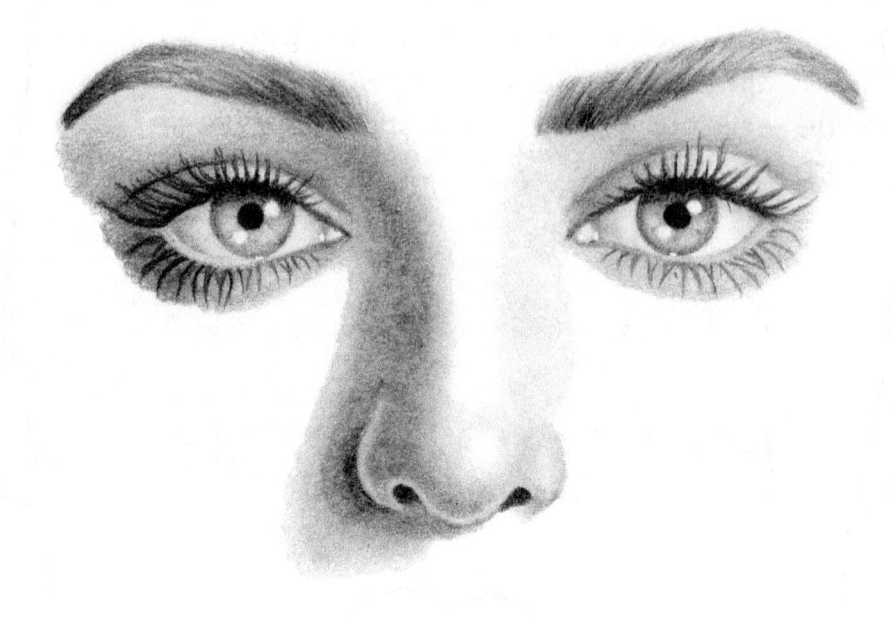

Ombrez maintenant le reste du visage, à l'exception des zones mises en lumière: le point blanc situé au-dessus du nez que nous avons laissé intact, et le long de l'arête du nez, comme indiqué dans l'image suivante. Utilisez un mouvement circulaire avec un 6H et estompez le tout avec un morceau de tissu propre. Appuyez plus fort près du bord du ton le plus sombre et maintenez un mouvement circulaire. En réalité, rien ne devrait être d'un blanc absolu, sauf si la peau est humide; alors elle devrait être brillante et nous aurions des reflets absolument blancs, mais sinon, la peau devrait également être couverte. N'oubliez pas que vous pouvez toujours facilement effacer les tons clairs avec une gomme, et rendre les tons clairs plus brillants si vous avez accentué leur ombre.

Comme vous pouvez le constater, il me reste des imperfections lorsque j'utilise des mouvements circulaires, mais il s'agit en fait d'une peau normale, il y a toujours de minuscules rides, des grains de beauté... sans parler de la peau d'une personne âgée, qui n'est pas si lisse. Faites une transition en dégradé entre les zones de lumières et, peut-être pas un genre de teint de base, c'est un teint un peu plus clair à côté des zones de lumières.

Assombrissez davantage la zone que vous ombrez lors de la première étape de dessin du nez, car vous avez probablement retiré un peu de graphite lorsque vous l'avez ombré avec un coton-tige. Utilisez un HB, en appuyant fort dans un mouvement circulaire. Égalisez également la lumière réfléchie sur le rebord et sous le nez, si nécessaire. Aussi, dans cette étape, faites l'ombre entre les sourcils, utilisez toujours un crayon 6H, appuyez plus fort ou utilisez un bouton 4B. Cette zone devrait être un peu plus sombre que le front, car il y a un os frontal saillant au-dessus et nous devons assombrir davantage cette ombre de soi. Estompez-la avec un coton-tige propre. Dans l'image suivante, vous pouvez voir que ce sont les ombres portées et la lumière réfléchie qui permettent de passer d'une image bidimensionnelle à une image tridimensionnelle.

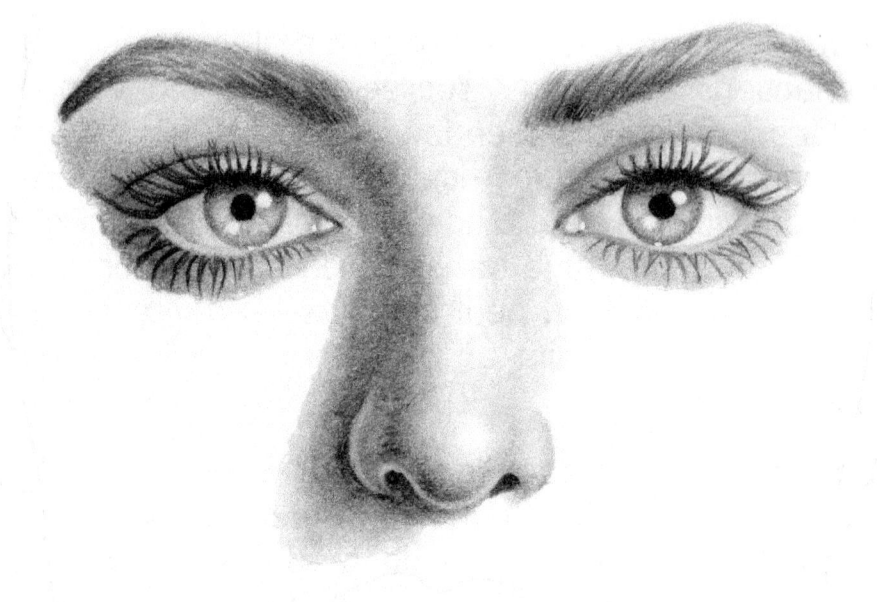

Vous pouvez toujours ombrer davantage ou éclaircir les zones lumineuses, même à la fin du dessin. Vous pouvez modifier la forme de n'importe quoi en modifiant le ton des ombres et des lumières. Il suffit de penser aux maquilleurs qui amincissent le nez, le visage ou les joues. Ce sont toujours les ombres et les lumières qui font le changement. Vous pouvez donc modifier l'ensemble du visage, les formes et l'aspect en déplaçant simplement légèrement la position des lumières et des ombres. Les ombres et les lumières sont cruciales, mais nous devons bien sûr avoir une esquisse proportionnelle afin que les traits du visage soient dessinés sur leurs emplacements naturels, tels qu'ils apparaissent normalement.

Lorsque vous ombrez, par exemple, le côté gauche du nez, la lumière verticale deviendra plus importante. Donc, si vous voulez améliorer les hautes lumières, mais que vous ne pouvez pas les rendre plus brillantes, ou bien qu'elles sont lumineuses, mais pas suffisamment parce que les zones environnantes sont trop claires, ombrez simplement autour des zones claires - plus ou moins - et elles deviendront plus claires.

Si vous appliquez d'abord des tons plus clairs, tels que 2H ou plus clair, vous ne pourrez plus faire de cette zone un noir absolu. Par exemple, si vous ombrez une zone avec un 5H et que vous appliquez un 6B dessus, un 6B ne créera pas une teinte aussi sombre que lorsqu'il était appliqué en tant que première couche sur le papier. Parfois, vous voudriez que cela se produise, mais parfois pas. Donc, c'est une chose très utile à savoir.

Comment dessiner les lèvres

Passons maintenant aux lèvres et nous en avons terminé avec les traits du visage.

Je veux aussi dessiner les dents, mais vous n'y êtes pas obligé si vous ne le souhaitez pas. Je veux juste vous montrer comment les dessiner au cas où vous souhaiteriez les avoir visibles dans vos futurs portraits.

Je veux dessiner les dents, mais pas un sourire, juste une bouche légèrement ouverte.

Dans cette première étape, je ne fais que renforcer toutes les lignes que j'ai créées. J'ai ajouté les lignes entre les dents. Les dents ne doivent pas rester d'un blanc absolu, en particulier lorsqu'elles sont à peine visibles. Lorsque vous dessinez un sourire, seules les dents de devant peuvent rester blanches. Lorsque vous travaillez sur le reste de vos dents, utilisez des tons de plus en plus foncés en les nuançant vers les coins. De cette façon, les dents auront leur forme ronde et le sourire sera plus réaliste.

J'ai utilisé un 8B pour assombrir la zone située entre les dents. Bien sûr, il y a une langue derrière, mais il n'y a pas de lumière du tout, nous pouvons donc utiliser le ton le plus sombre pour cela. Vous pouvez créer différentes formes de dents. Si vous voulez les faire collées les unes aux autres, utilisez simplement un HB pour créer des lignes entre elles.

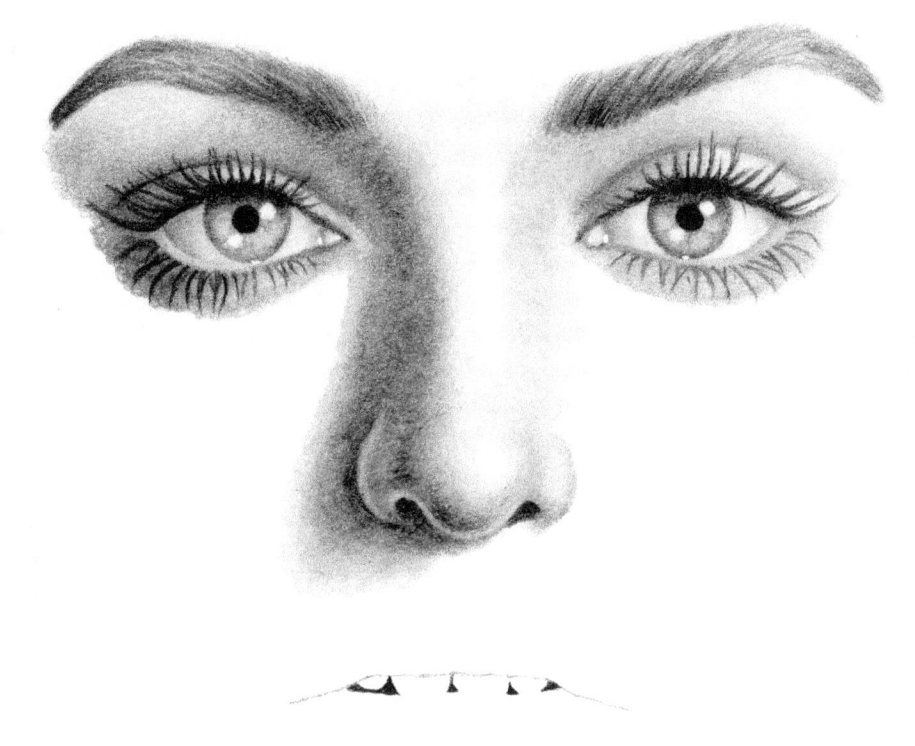

Ombrez les dents avec un 6H en appliquant un mouvement circulaire. Appuyez un peu plus fort sous la lèvre supérieure. Dans l'image suivante, vous pouvez toujours voir que les dents que je viens d'ombrer ne sont plus blanches : elles sont suffisamment lumineuses pour indiquer la blancheur des dents, mais dans l'ombre. Une fois que nous avons dessiné les zones environnantes, cela améliorera encore plus la blancheur des dents. N'hésitez donc pas à bien les ombrer.

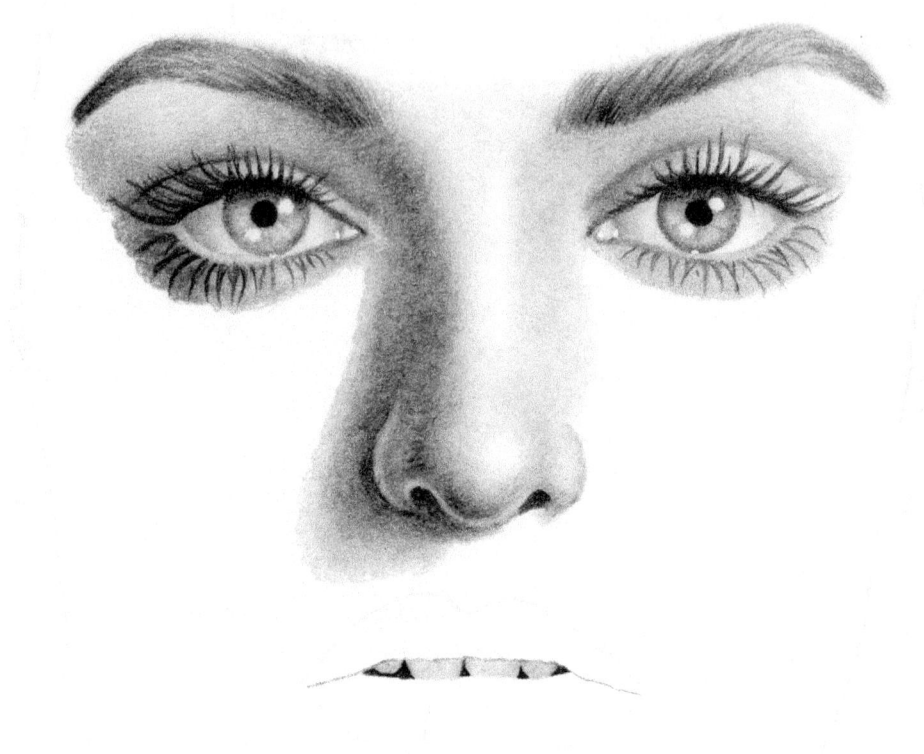

Divisons cette tâche en deux parties et dessinons les deux lèvres séparément, en commençant par la lèvre supérieure.

J'utilise un crayon B dans la partie horizontale supérieure de la lèvre supérieure, comme indiqué dans l'image suivante. Vous pouvez laisser le bord inférieur intact pour la lumière réfléchie. Donc, la zone que nous ombrons ici est dite une ombre de soi. Appuyez un peu moins dans le coin droit parce que notre source de lumière provient du coin supérieur droit.

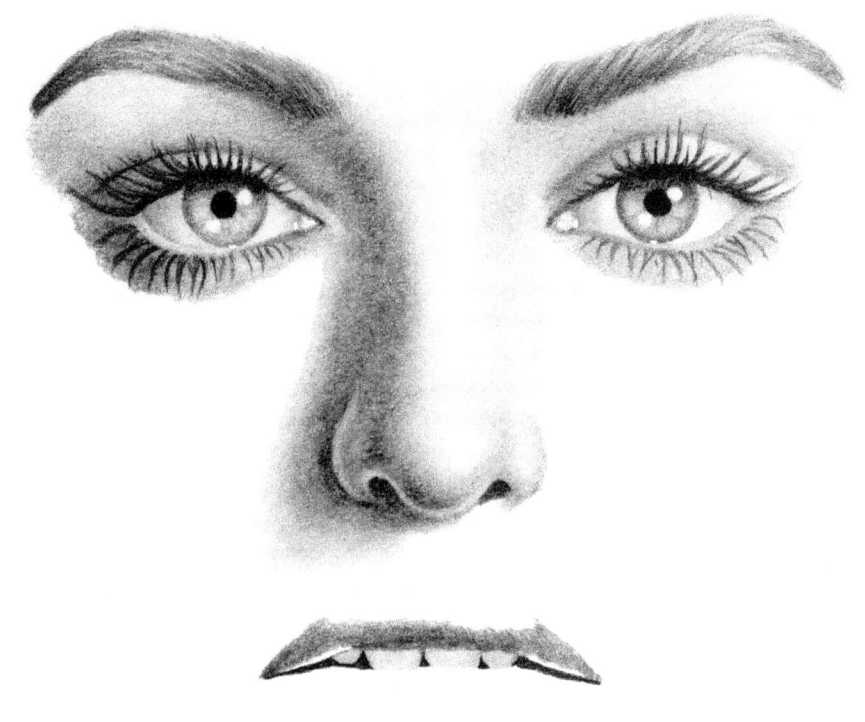

La partie supérieure peut être ombrée avec un HB. Ici, vous devez décider quel type de forme vous voulez. Cela peut être n'importe quelle forme, vous n'avez pas à dessiner exactement comme moi. N'appuyez pas trop fort lorsque vous ombrez cette zone avec un HB, mais uniquement à côté de la zone que nous avons ombrée, appuyez plus fort et appuyez de moins en moins à mesure que vous ombrez vers le haut. Ici aussi, cette transition de dégradé est importante pour improviser la rondeur de la lèvre, et c'est pourquoi ce HB est bon pour la zone à côté d'un crayon B.

Je veux dessiner les lèvres avec un peu de rouge à lèvres et c'est la raison pour laquelle j'utilise des tons plus sombres, mais vous pouvez en utiliser un plus clair, un HB pour la zone inférieure et un 2H pour la partie supérieure.

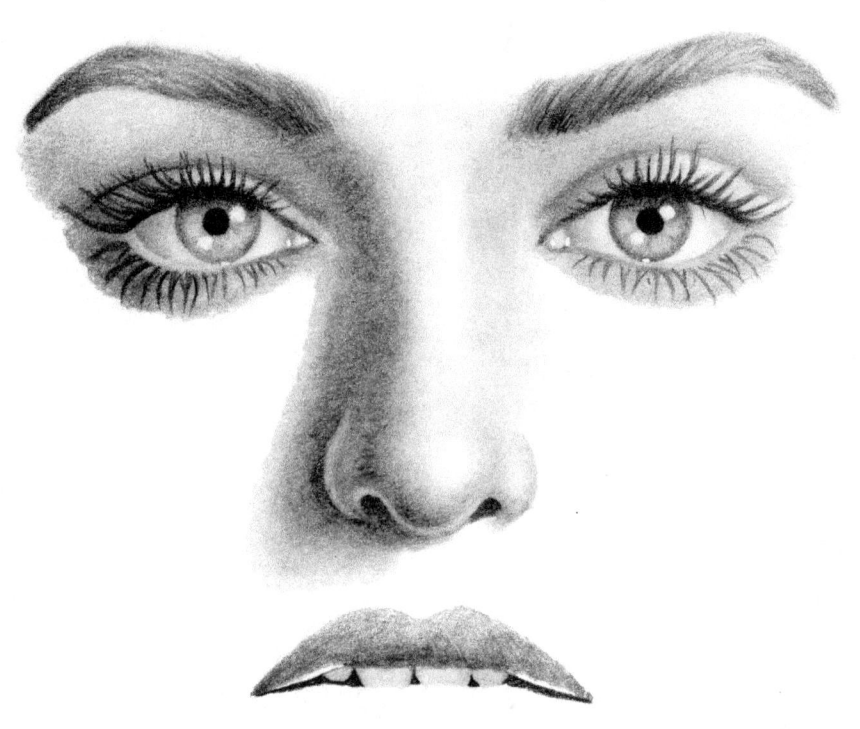

Estompez le tout avec un coton-tige. Dans l'image suivante, vous pouvez voir à quoi cela ressemble maintenant, après l'estompe. Si vous ombrez les côtés, ce n'est pas un problème, car nous allons ombrer la peau autour des lèvres.

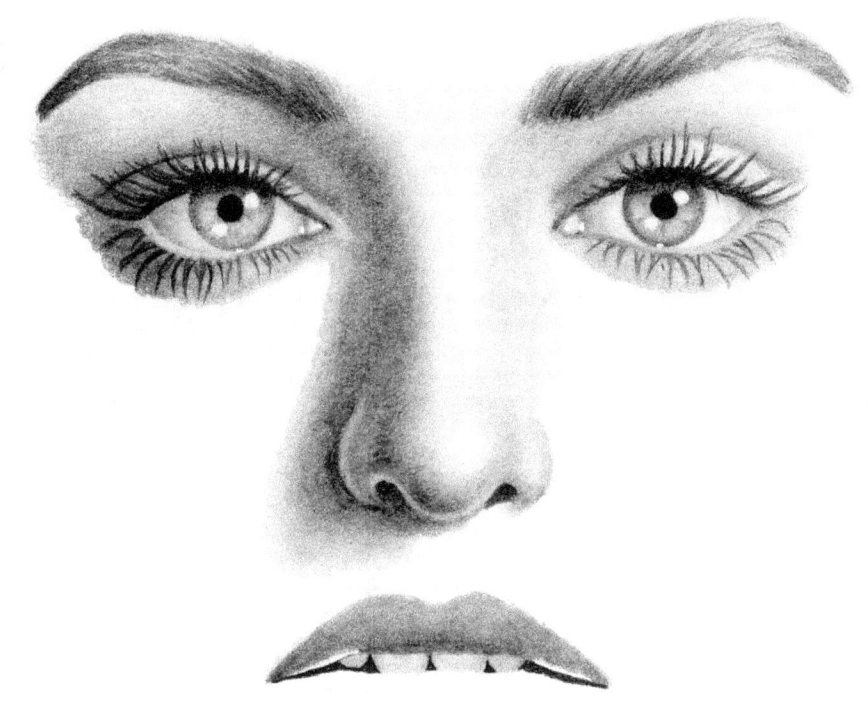

Ombrez la lumière réfléchie que vous avez laissée intacte, en utilisant un 6H. La lumière réfléchie ne devrait pas rester blanche : elle devrait également être assez sombre, mais beaucoup plus lumineuse que les zones environnantes. Créez également la lumière réfléchie au-dessus des dents. La lumière réfléchie suggèrera la brillance des lèvres car les lèvres sèches n'ont pas vraiment de lumière réfléchie visible. Donc, effacez la ligne minuscule, un millimètre au-dessus du bord au-dessus des dents. La lumière réfléchie suggèrera également la rondeur de la lèvre.

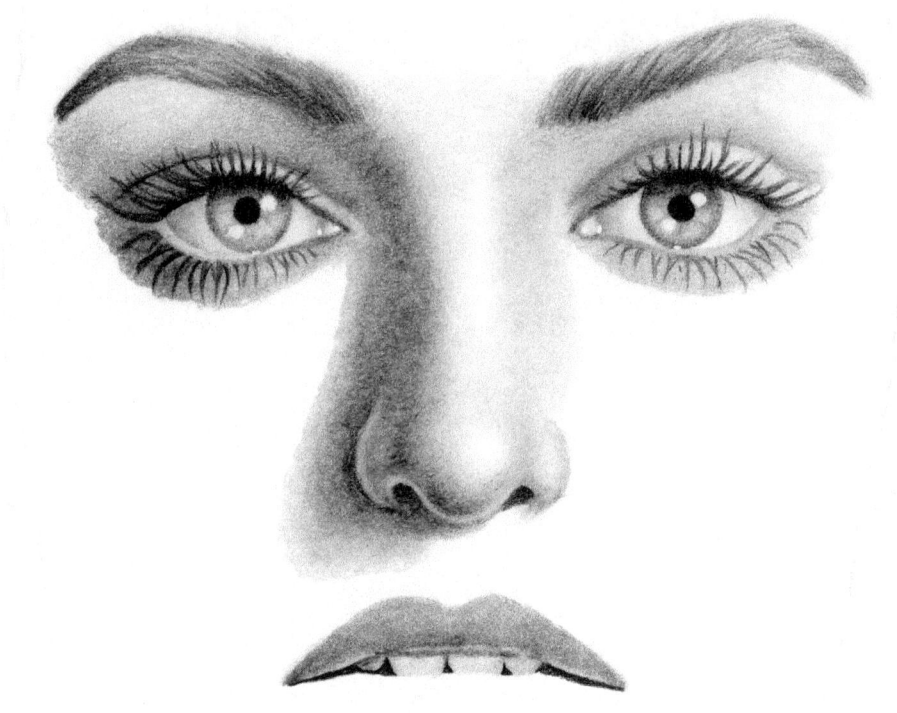

Dans cette étape, créez des lumières sur la partie supérieure de la lèvre supérieure, utilisez donc simplement une gomme et éliminez doucement un peu de graphite. Travaillez juste sous le contour, en laissant également un millimètre entre l'arc de Cupidon et ce point lumineux. Si vous exagérez avec l'efface, passez simplement sur la zone trop claire avec une extrémité usée de l'estompe pour appliquer à nouveau du graphite, et la zone ne sera plus trop claire.

Vous pouvez également créer des points de lumière entre les rides. La lèvre doit être plus éclairée du côté droit et moins du côté gauche en raison de la source de lumière provenant du coin supérieur droit. Cependant, faites des points lumineux sur le côté gauche en touchant simplement la surface du papier avec une gomme, alors n'appuyez pas trop fort.

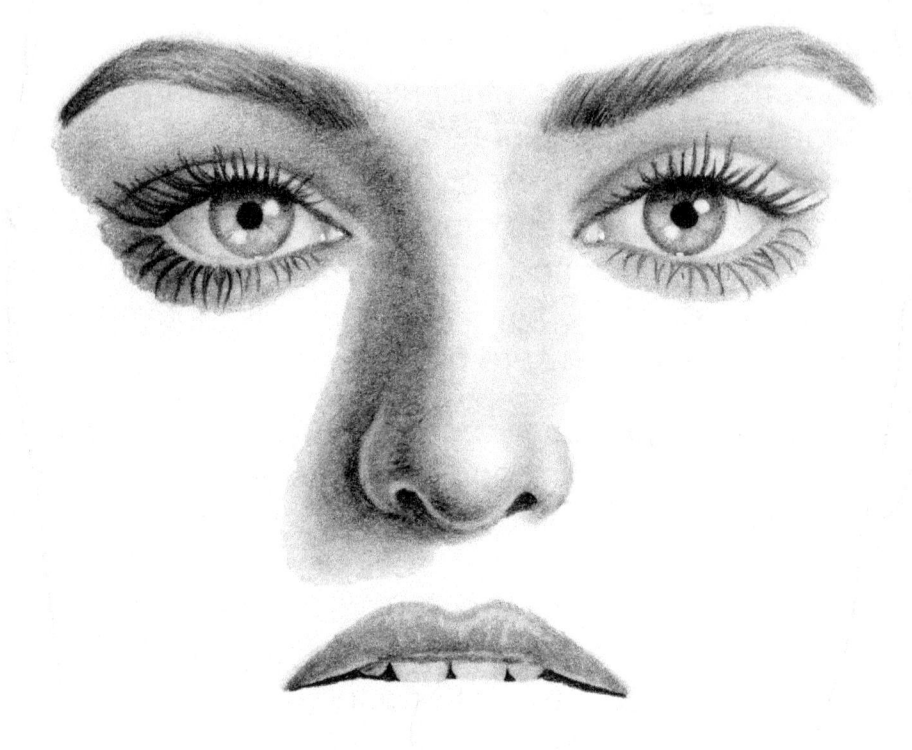

Nous pouvons maintenant terminer cette lèvre supérieure en ajoutant des ombres. J'utilise un 8B pour renforcer l'ombre de soi que j'ai éliminée avec l'estompe et créer les rides entre les points lumineux. Faites rayonner ces rides du centre des lèvres. Elles ne devraient pas être trop sombres, mais essayez juste de les rendre visibles. Au milieu des lèvres, nous devons dessiner des rides verticales. Les autres devraient être courbées.

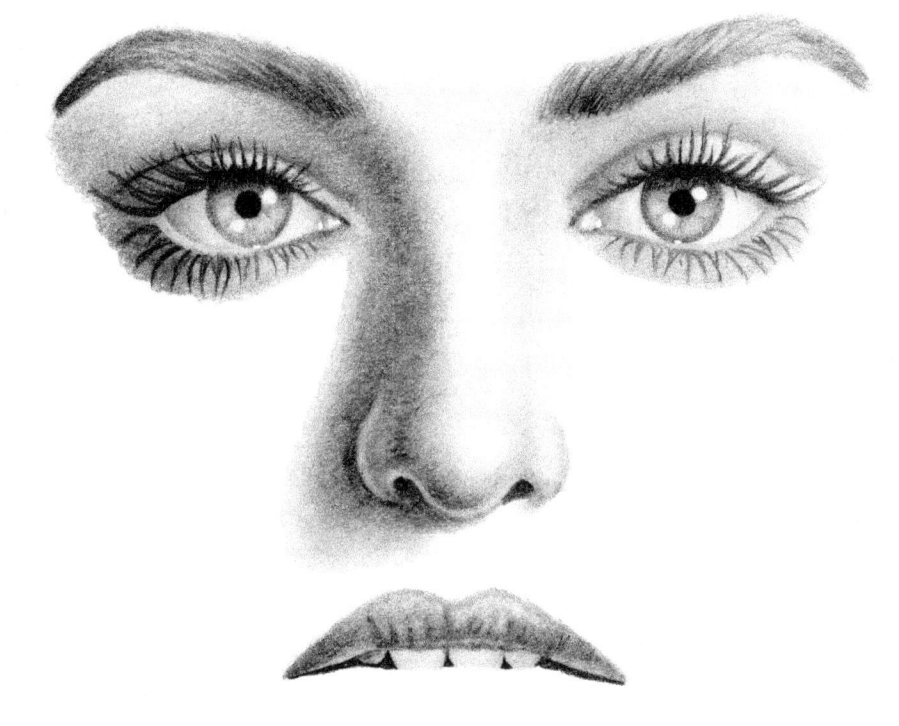

Le moment est venu pour la lèvre inférieure, qui devrait être plus lumineuse que la lèvre supérieure, car elle est toujours plus éclairée. Commencez par les zones faiblement éclairées, comme indiqué dans l'image suivante, à l'aide d'un crayon B. Remplissez la zone supérieure, juste sous les dents, et laissez intacte la zone plus lumineuse au centre. Toujours en utilisant un crayon B, appuyez plus fort sur le côté gauche de la lèvre inférieure, car elle recevrait une petite quantité de lumière si la source de lumière se trouvait dans le coin supérieur droit. Aussi, nuancez le bord inférieur de la lèvre inférieure, un bord épais d'environ 2 millimètres, que vous pouvez voir dans l'image suivante. La lèvre inférieure peut avoir une tout autre forme, vous n'avez pas à dessiner la même forme que la mienne. Il y a beaucoup d'autres formes que vous pouvez choisir.

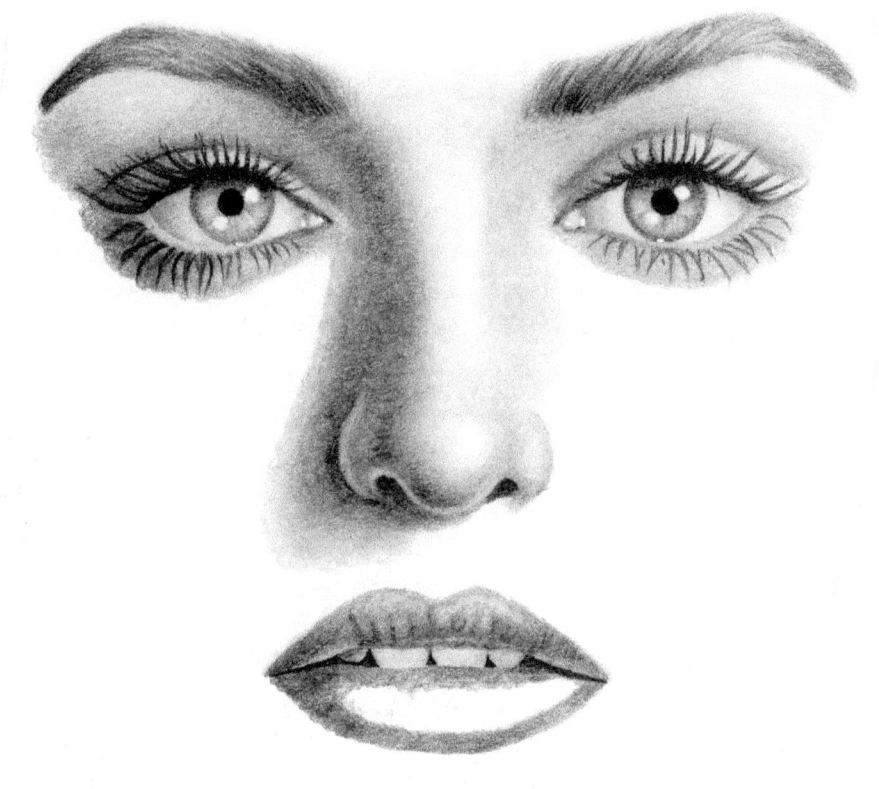

Nous pouvons maintenant couvrir la zone intermédiaire laissée intacte par un HB. N'appuyez pas fort au milieu.

Établissez une transition progressive entre le ton de base des lèvres et celui des lumières en appuyant plus fort près des zones B et en relâchant la pression à mesure que vous atténuez les reflets. La lèvre doit être arrondie verticalement et horizontalement, c'est pourquoi nous devrions avoir la lumière la plus brillante au centre et la lumière la moins brillante tout autour.

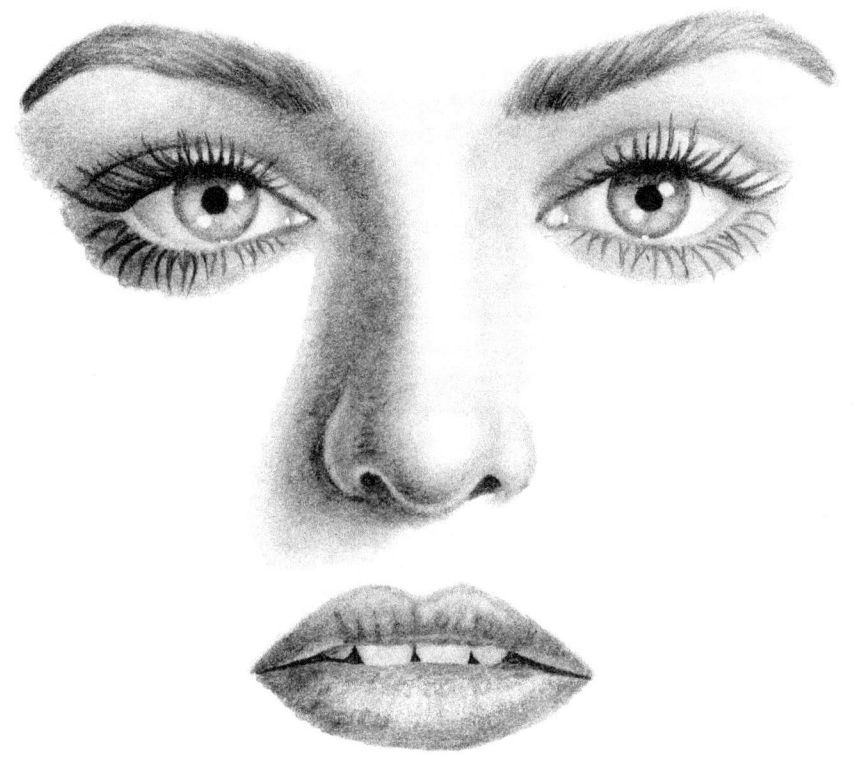

Estompez le tout avec un coton-tige et vous verrez à quel point il deviendra lisse. Utilisez une estompe pour estomper le bord ou pour estomper des détails plus petits de meilleure façon. Si vous effacez dans des zones très sombres avec l'estompe, dessinez et renforcez à nouveau l'ombre.

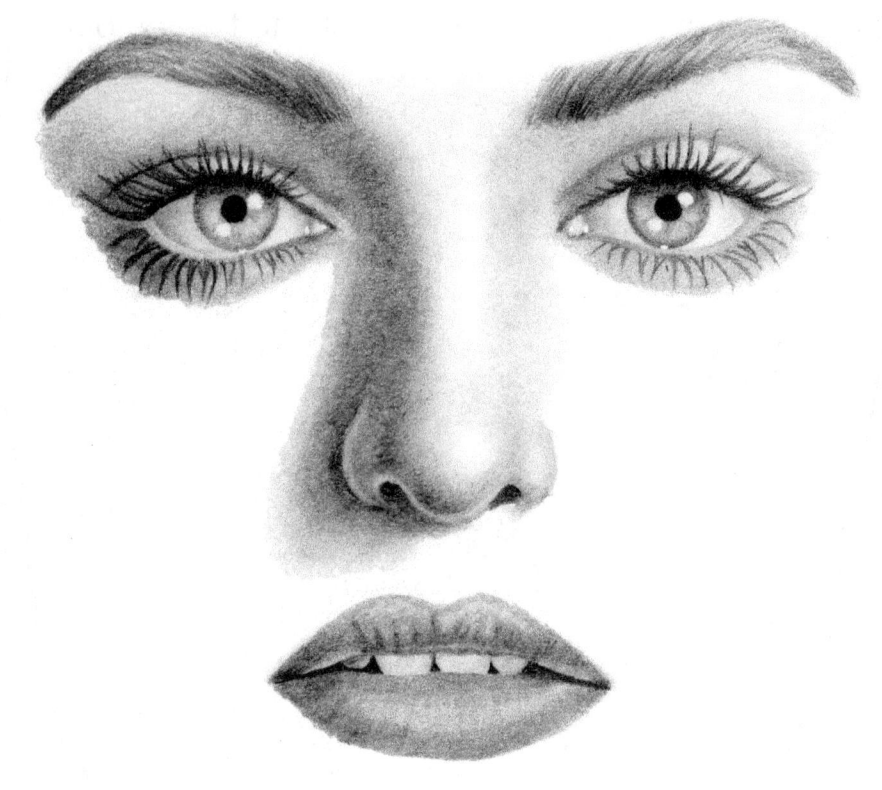

Sur la lèvre supérieure, nous avons d'abord créé les points de lumière. Créons maintenant les ombres en premier. Essayez toujours d'approcher le dessin différemment pour acquérir plus d'expérience et apprendre à mieux dessiner. Alors, renforcez les ombres que vous avez créées avec un crayon B, car elles deviennent plus claires après l'estompe. J'utilise encore un crayon B pour cela. Estompez un peu et créez des rides. Appuyez plus fort sur les zones ombrées sur le côté gauche. Lorsque vous ombrez sous les dents, laissez un millimètre du bord et ombrez en dessous. Nous avons besoin de ce bord plus clair pour la lumière réfléchie par les dents. Plus la lumière réfléchie est claire, plus la lèvre paraîtra brillante. Vous pouvez donc créer une lumière réfléchie plus vive ou moins brillante, à votre guise; les deux auraient l'air bien.

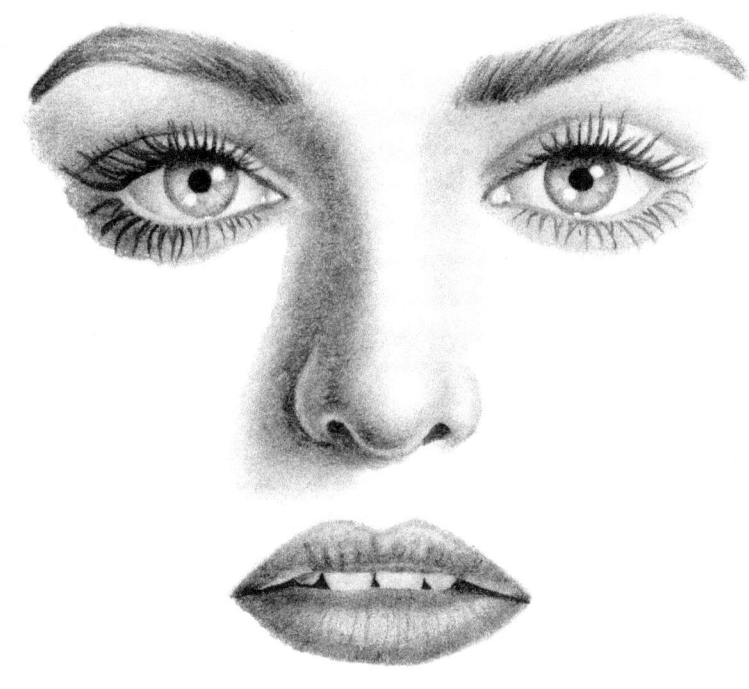

Vous pouvez maintenant créer les lumières sur la lèvre inférieure. Elles devraient être le plus brillantes au milieu. En outre, vous pouvez éclaircir la lumière réfléchie par les dents - comme je l'ai fait - et souligner les rides également.

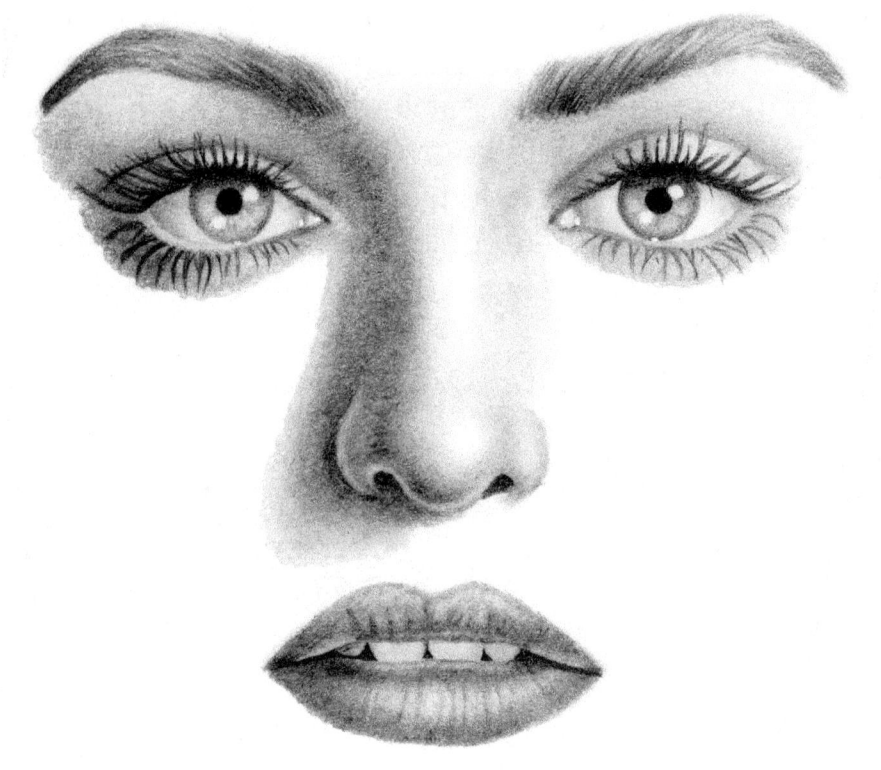

Nuancer la peau - Partie 1: joue gauche, front et joue droite.

Nous pouvons maintenant commencer à ombrer la peau du visage. Concentrons-nous uniquement sur une plus petite zone à la fois et commençons par la zone la plus sombre sur le côté gauche, en utilisant un HB. Puisque nous avons déjà ombré les traits du visage, car notre source de lumière provient du coin supérieur droit, nous devons rendre le côté gauche du visage beaucoup plus sombre, peut-être un tiers de la largeur entre le nez et l'oreille, donc un tiers à gauche devrait être couvert dans cette étape avec un HB.

Il est important d'appliquer tout le temps la technique circulaire si vous souhaitez créer la texture lisse de la peau humaine. Vous ne devriez pas utiliser de traits ou de hachures croisées pour la peau. La méthode circulaire dessine de minuscules cercles qui se chevauchent jusqu'à couvrir le papier. Après cela, vous devriez l'estomper. Pour estomper les grandes surfaces, utilisez toujours un mouchoir en papier. Pour estomper les plus petites zones, utilisez une estompe. Les cotons-tiges conviennent aux zones de taille moyenne, qui sont trop petites pour un tissu et trop grandes pour une estompe.

Dans l'image suivante, vous pouvez voir les zones que j'ai ombrées avec un HB et qui ont toujours l'air très rugueuses. Mais ne vous inquiétez pas, après l'estompe, le résultat sera lisse.

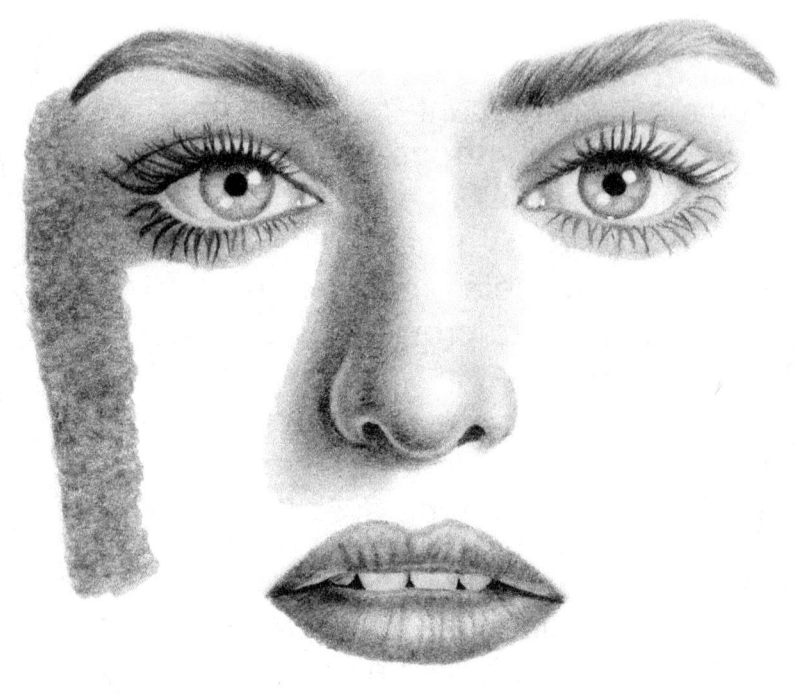

Pour la suite, toujours en utilisant un HB, mais en appuyant moins, ombrez le côté droit de la zone précédemment ombrée. Appuyez de moins en moins pendant que vous travaillez vers le nez. Bien sûr, utilisez tout le temps des mouvements circulaires. Un HB est un très bon crayon pour cela, car vous pouvez obtenir un ton très sombre lorsque vous appuyez fort et beaucoup plus lumineux lorsque vous relâchez la pression. Ombrez une zone plus large sous l'œil, juste au-dessus de la joue, car cette zone reçoit une ombre projetée par l'œil gauche.

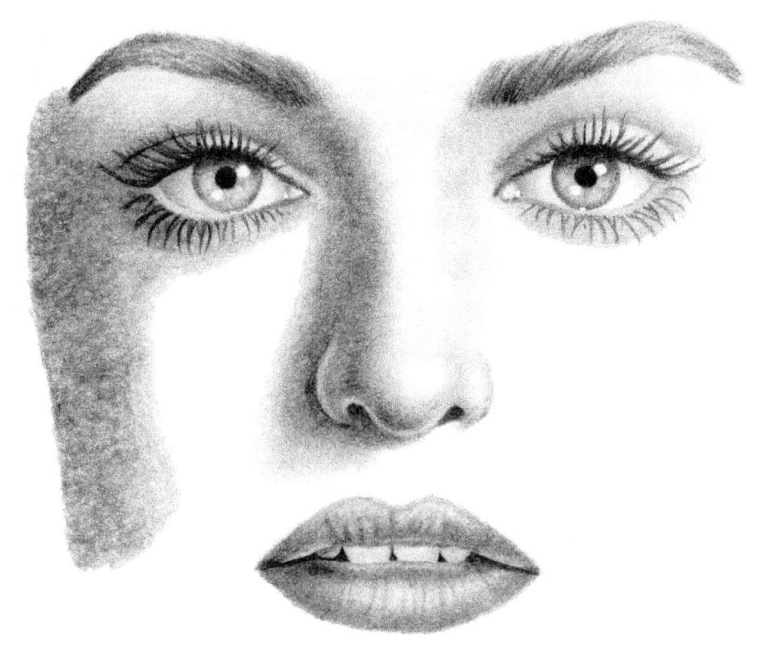

À présent, faites l'ombre à côté de la zone précédemment ombrée et au bas de la joue, comme indiqué dans l'image suivante. Utilisez un 2H pour cette zone. Il suffit de relier l'ombre portée par le nez à celle du côté gauche, car cette zone sous la joue reçoit moins de lumière que la joue elle-même.

Vous pouvez maintenant voir que la zone que j'ai laissée intacte pour le moment est en fait la partie éclairée de ce côté du visage. La prochaine fois, vous pourrez commencer à ombrer les zones de lumière pour essayer différentes méthodes et voir laquelle peut donner de meilleurs résultats. Ombrez aussi un peu à côté du nez, un bord épais d'environ 1 à 2 millimètres s'ajoute à la partie ombrée du côté gauche du nez. Donc, en gros, tout autour de la lumière la plus brillante laissée intacte.

Si vous voyez des imperfections ou que la séparation entre les tons est visible, ne vous inquiétez pas. Nous allons estomper le tout et faire quelques retouches pour affiner la texture si nécessaire.

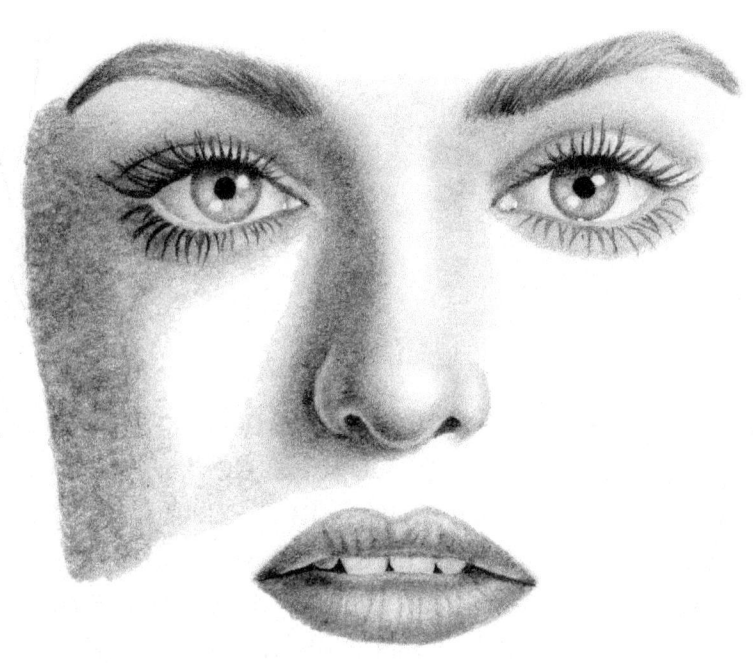

Maintenant, nous pouvons remplir le reste de cette zone avec un 6H. J'ai un 6H, mais vous pouvez utiliser 7H ou 5H, si vous en avez. Appuyez un peu plus près du bord de la zone précédemment ombrée et relâchez la pression lorsque vous passez au centre de la lumière, car, comme toujours, la transition de dégradé est très importante. La zone de lumière devrait avoir l'air beaucoup plus brillante, mais elle ne devrait pas rester blanche.

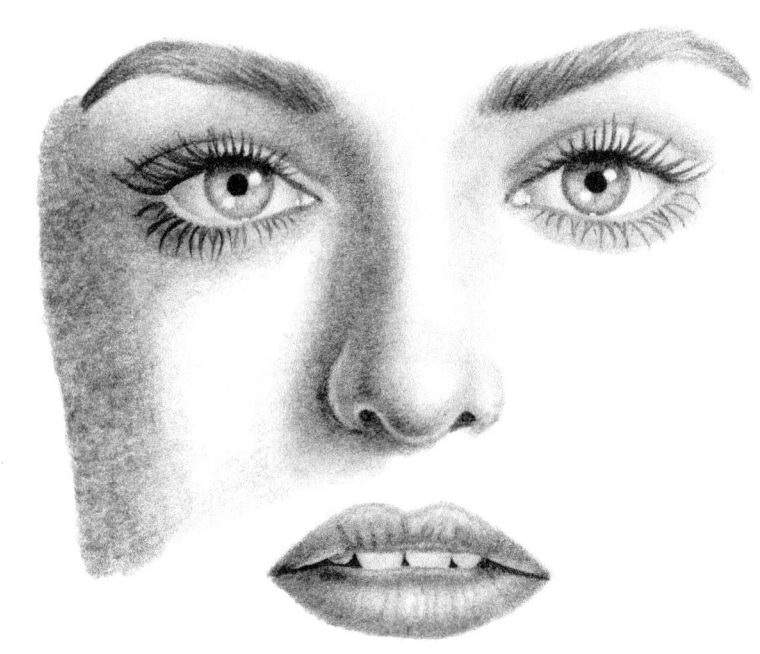

Maintenant, estompez le tout avec un mouchoir. Si vous commencez sur la partie la plus sombre, n'utilisez pas cette partie du tissu sur la zone de lumière. Commencez par la zone de lumière en utilisant des mouvements circulaires avec un mouchoir en papier enroulé autour du doigt, puis fondez vers l'ombre sombre. De cette façon, vous ne foncez pas les parties plus claires.

Dans l'image suivante, vous pouvez voir à quoi ressemble la texture après le mélange. Il y a une énorme différence avant / après.

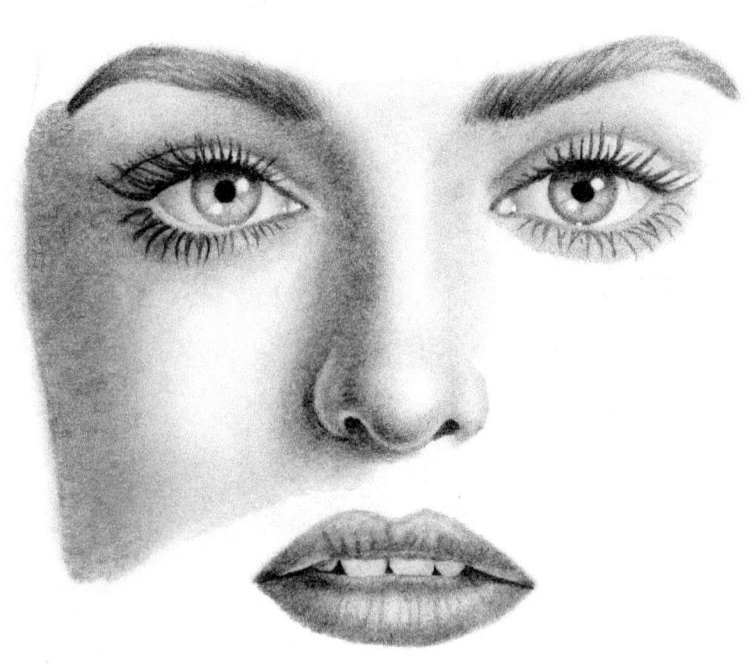

Vous pouvez ajouter des nuances dans les tons si vous les avez éclaircis; vous pouvez même utiliser un crayon plus foncé, tel qu'un B, pour renforcer l'ombre sous l'œil et tout à gauche, à côté de l'oreille. Comme je l'ai mentionné, certaines imperfections sont tout à fait bonnes: grains de beauté, petites rides ou poils.

Maintenant, nous pouvons passer au front. Placez un morceau de papier propre sur les yeux et sur les autres zones de dessin pour ne pas les maculer.

Comme vous le savez, le front est rond et ici aussi, nous devons créer une transition dégradée des ombres aux lumières. Commencez du côté gauche en utilisant un HB, en appuyant davantage sur le côté très à gauche, à côté des cheveux et autour du sourcil. Relâchez la pression lorsque vous faites de l'ombre avec des mouvements circulaires vers la zone de lumière. La lumière se trouverait au-dessus du sourcil droit, presque au centre du front. Ombrez la zone montrée dans l'image suivante.

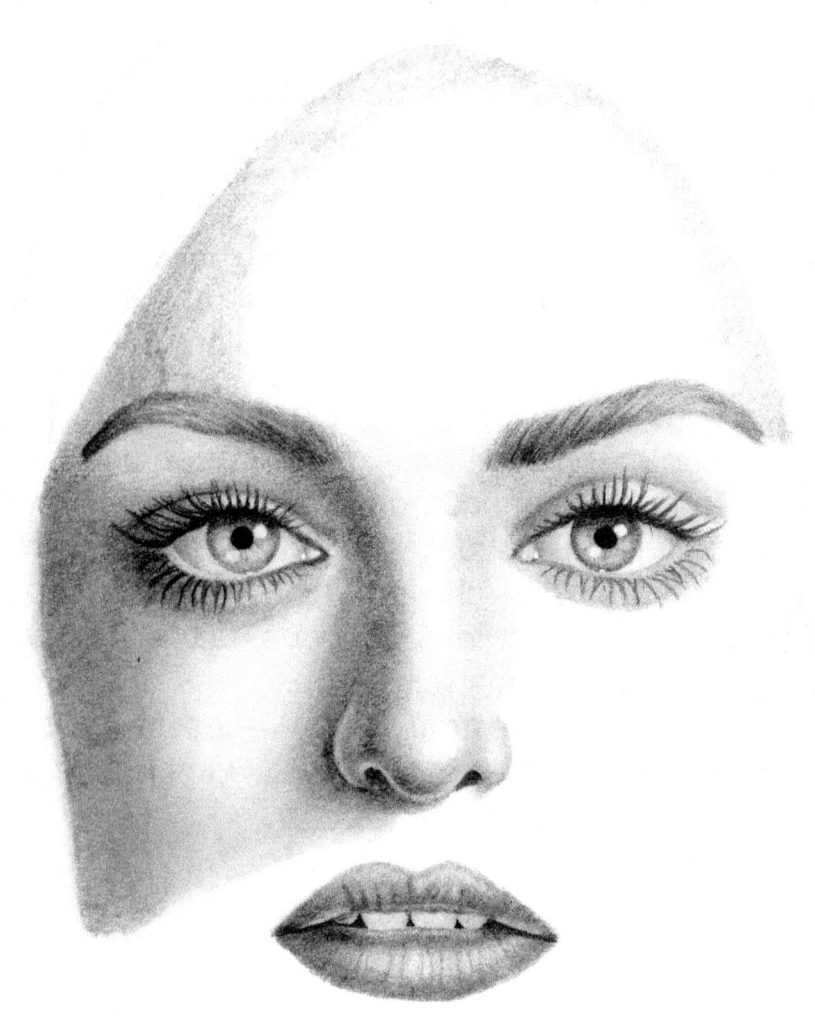

Vous pouvez ajouter des nuances dans les tons si vous les avez éclaircis; vous pouvez même utiliser un crayon plus foncé, tel qu'un B, pour renforcer l'ombre sous l'œil et tout à gauche, à côté de l'oreille. Comme je l'ai mentionné, certaines imperfections sont tout à fait bonnes: grains de beauté, petites rides ou poils.

Maintenant, nous pouvons passer au front. Placez un morceau de papier propre sur les yeux et sur les autres zones de dessin pour ne pas les maculer.

Comme vous le savez, le front est rond et ici aussi, nous devons créer une transition dégradée des ombres aux lumières. Commencez du côté gauche en utilisant un HB, en appuyant davantage sur le côté très à gauche, à côté des cheveux et autour du sourcil. Relâchez la pression lorsque vous faites de l'ombre avec des mouvements circulaires vers la zone de lumière. La lumière se trouverait au-dessus du sourcil droit, presque au centre du front. Ombrez la zone montrée dans l'image suivante.

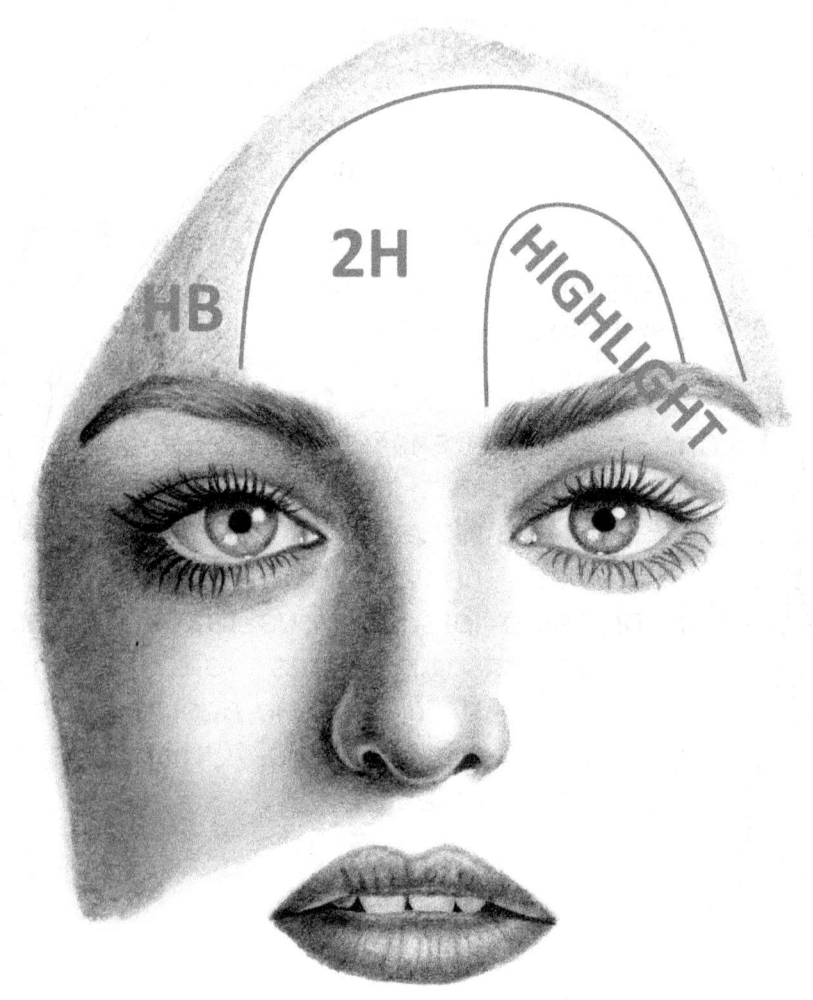

Donc, ombragez toute cette zone avec un 2H, en appuyant légèrement, et bien sûr, appuyez moins lorsque vous ombrez le point culminant.

Dans l'image suivante, vous pouvez voir à quel point ma zone est pâle, mais nous allons l'estomper avec un mouchoir en papier et, comme vous le remarquerez peut-être, lorsque vous estompez, la zone devient plus sombre. Sans oublier que le scanneur rend les images que je photocopie très lumineuses, mon dessin est donc toujours un peu plus sombre.

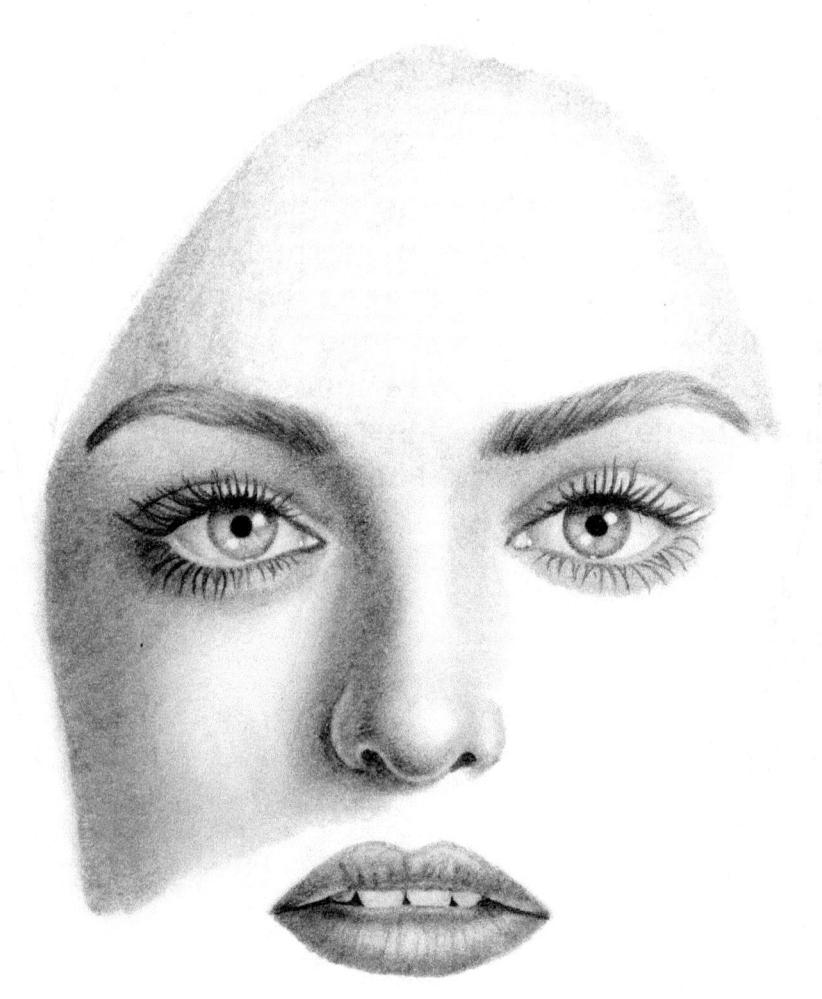

Maintenant, estompez le tout avec un mouchoir. Appuyez plus fort dans un mouvement circulaire tout autour du front, mais ignorez la zone de lumière. Prenez soin des sourcils pour ne pas passer dessus. Vous pouvez maintenant voir à quel point ça devient plus sombre, sans être trop sombre.

Ajoutez plus de nuances entre les sourcils avec un 2H, si nécessaire, et estompez à nouveau. Cette zone est un peu penchée vers l'intérieur, pas sur chaque personne, bien sûr, mais généralement il y a un peu d'ombre. De cette façon, nous pouvons rendre l'os frontal encore plus saillant, de sorte que nous montrons que le front est un peu plus près des yeux du spectateur que la base du pont nasal.

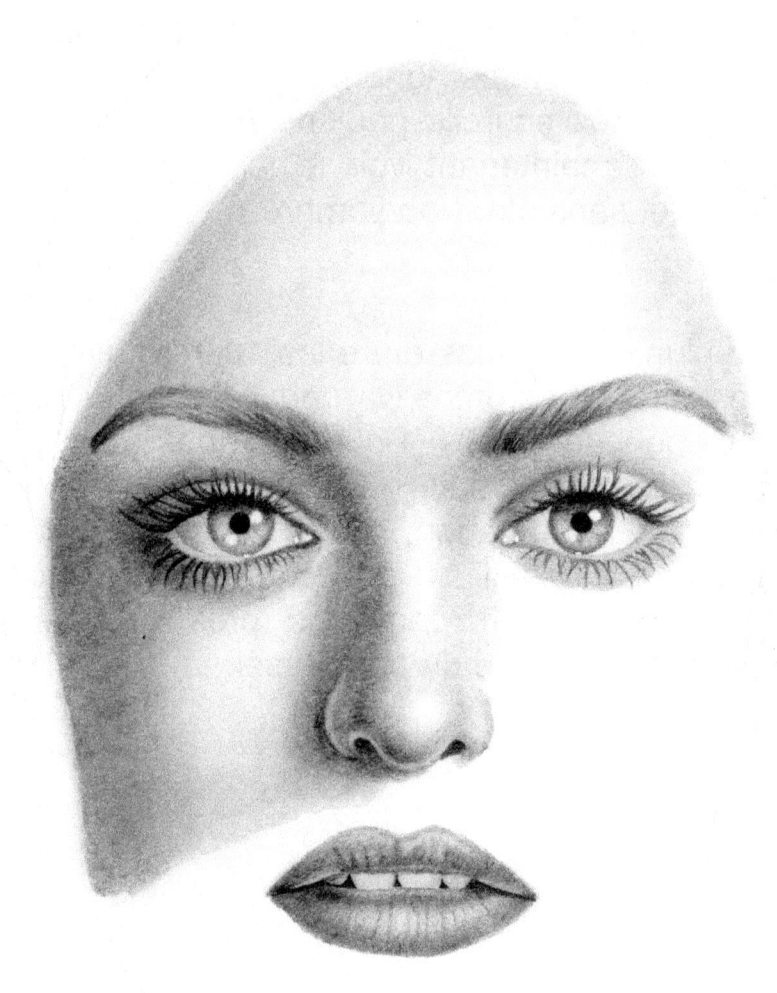

Passons à droite du côté du visage. Ici, nous devons utiliser des tons plus clairs et davantage de zones doivent rester blanches. Commencez avec un 2H et ombrez la tempe, appuyez moins à côté des lumières. Maintenant, il faut décider si nous voulons dessiner l'oreille ou juste un cheveu. En fait, je veux dessiner l'oreille pour vous montrer comment la dessiner et l'ombrer, mais nous pourrons la couvrir plus tard avec des cheveux, par exemple. Mais si nous avons les cheveux à côté du visage, le bord droit du visage sera assez sombre, nous devons donc décider maintenant, ou peut-être améliorer plus tard. Il est plus facile de l'ajouter plus tard que d'effacer, donc si nous avons les cheveux ici, nous pouvons simplement ombrer davantage. Alors, ombrons normalement pour le moment.

Après avoir ombré la tempe, continuez vers le bas et ombrez le côté droit du visage de la même manière – avec un 2H, avec des mouvements circulaires. Environ 1/3 de cette largeur entre le nez et l'oreille. Comme je l'ai déjà mentionné, utilisez l'extrémité émoussée du crayon pour ne pas rayer le papier. Vous pouvez couvrir une zone plus large avec une extrémité émoussée et progresser plus rapidement que lorsque vous avez une pointe très nette.

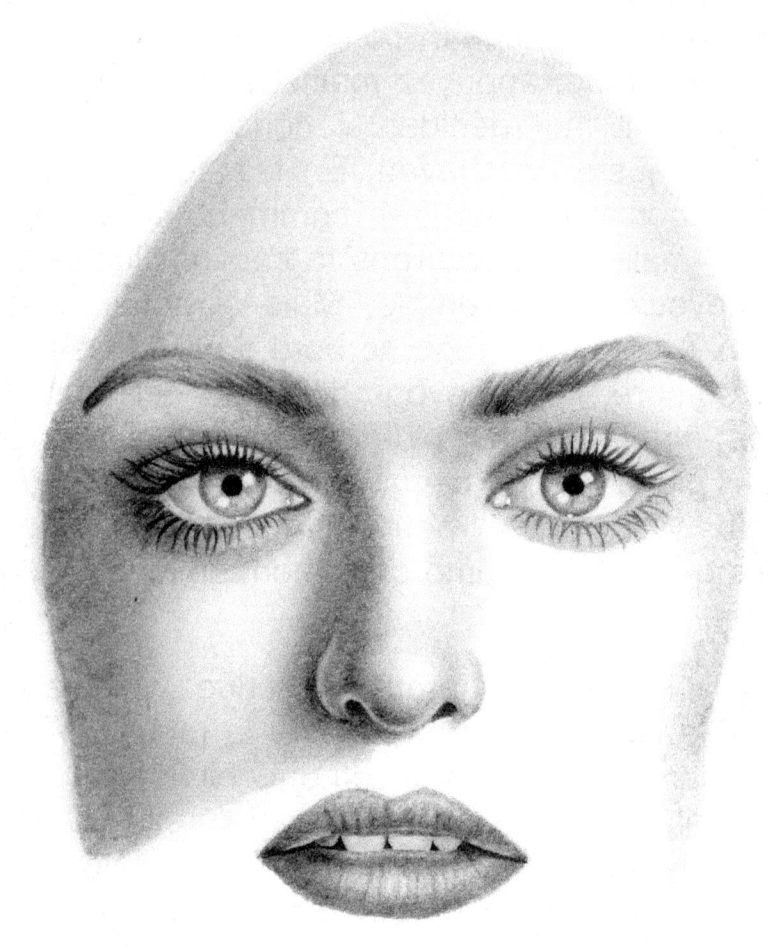

Ensuite, déplacez-vous vers la zone à côté, la joue et sous l'œil droit. Utilisez un 6H pour cette zone car elle devrait être très lumineuse.

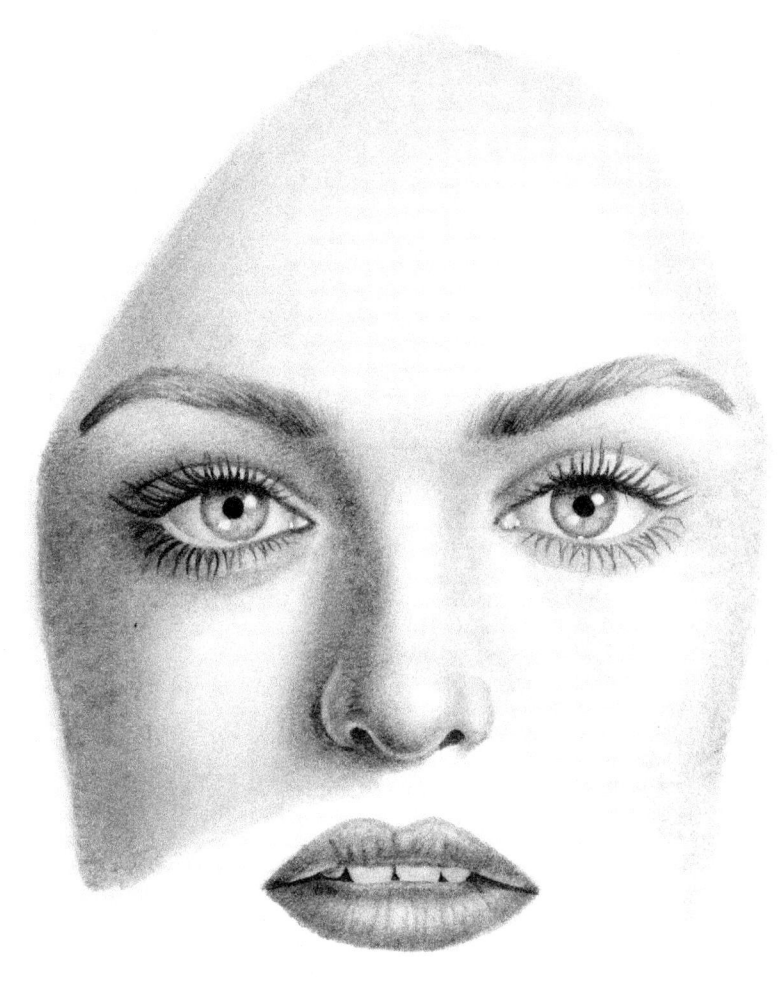

Maintenant, vous pouvez estomper le tout avec un mouchoir en papier, en partant de tons très clairs vers l'oreille. Utilisez toujours un morceau de mouchoir propre, un mouchoir que vous n'avez pas utilisé auparavant pour estomper, afin de ne pas transférer de graphite sur les zones lumineuses..

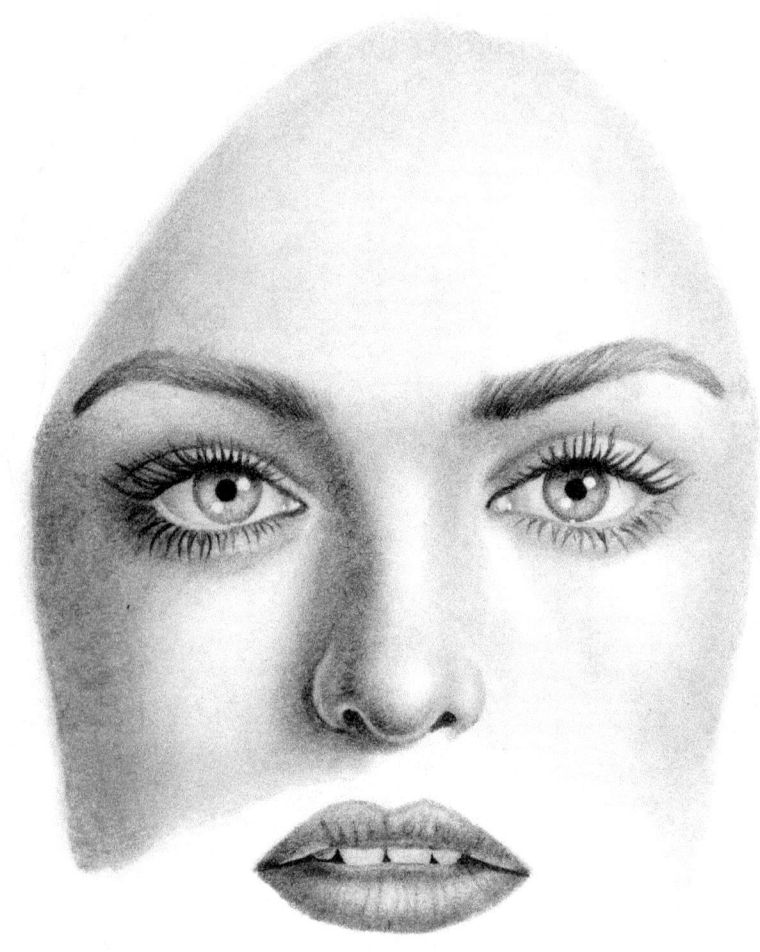

Nuancer la peau - Partie 2 : Autour de la bouche et du menton.

Divisons cette partie en deux phases : l'ombre autour de la bouche et terminer le visage en faisant les ombres du menton.

Tout d'abord, ombrez la peau au-dessus du côté droit de la lèvre supérieure et joignez-la à l'ombre portée par le nez que vous avez ombrée auparavant. Utilisez un HB ici et ombrez également le côté droit de la forme au-dessus de l'arc de Cupidon, en utilisant une pression moyenne, et recommencez si nécessaire.

Continuez à ombrer le côté gauche du visage où vous vous êtes arrêté avant de passer au front. Entre cette zone ombrée et les lèvres, nous avons une partie un peu plus claire qui reçoit plus de lumière, alors sautez-la pour le moment et ombrez le coin gauche des lèvres. Étudiez attentivement l'image suivante avant de commencer à travailler cette zone.

Continuez à appliquer des mouvements circulaires tout le temps.

Pour vous aider à mieux comprendre les zones colorées dans cette étape, je les ai décrites avec des lignes numériques que vous pouvez voir dans l'image suivante.

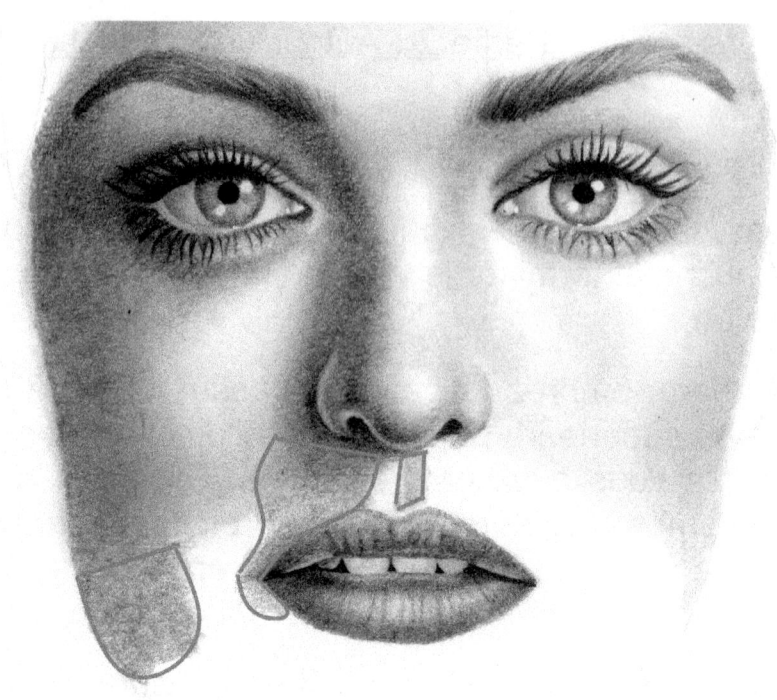

Et ici, vous pouvez voir à quoi elles ressemblent sans lignes numériques. J'ai donc utilisé un HB pour toutes ces zones.

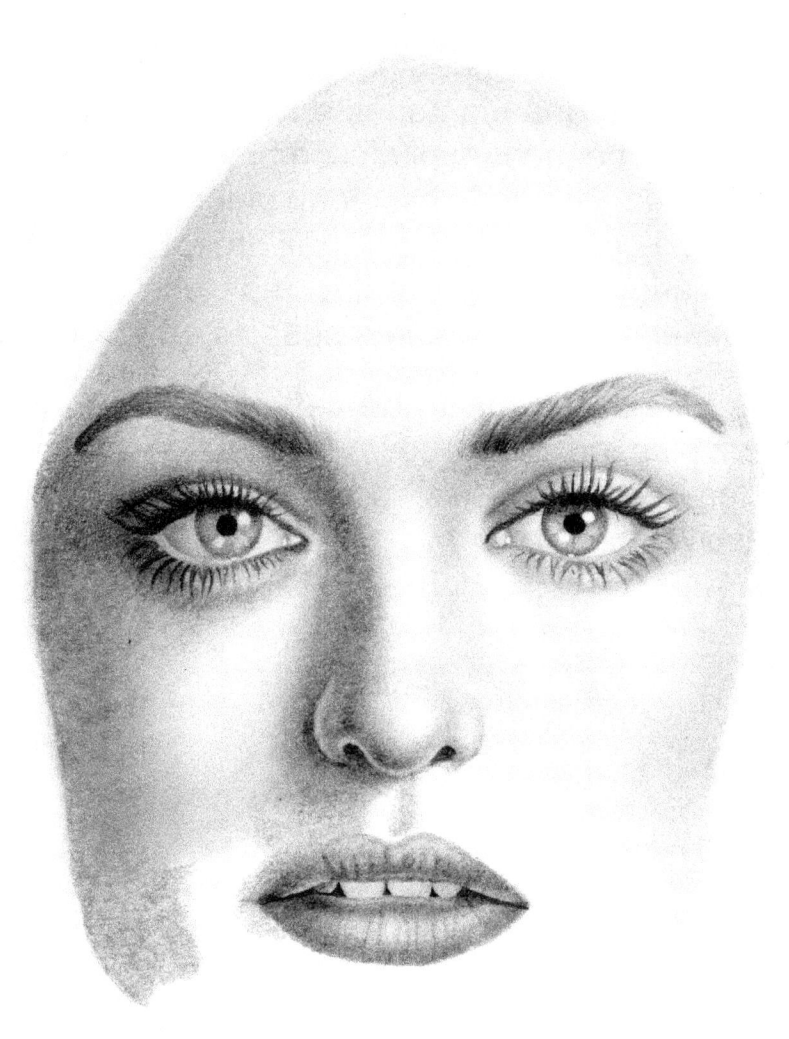

Maintenant, nous pouvons colorer le reste de cette zone avec un 2H. C'est la zone que nous avons laissée intacte à l'étape précédente. Cette zone est beaucoup plus lumineuse que les zones environnantes, mais elle est toujours beaucoup plus sombre que celle située sous l'œil gauche, qui est également beaucoup plus sombre que celle située sous l'œil droit. Donc, il devrait y avoir une différence entre les tons des points lumineux, et il en va de même pour les ombres.

Appuyez moins au milieu de cette zone de lumière et appuyez plus fort alors que vous colorez vers les zones précédemment ombrées pour créer une transition progressive.

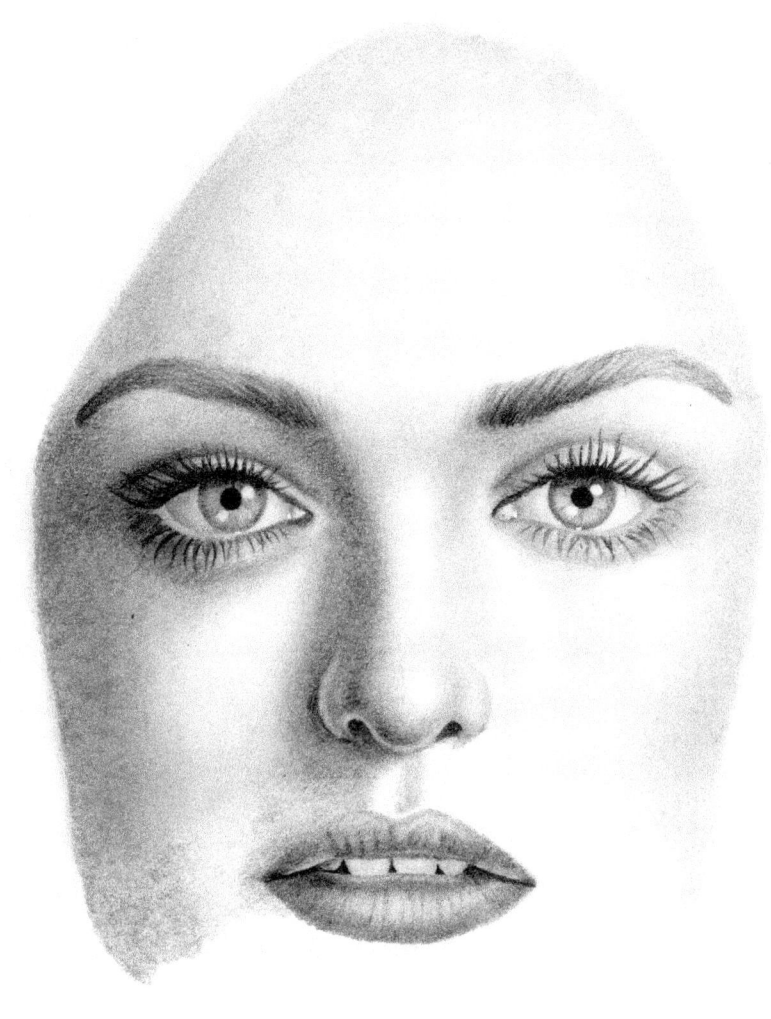

Estompez tout cela avec un mouchoir en papier, en partant des points de lumière, en utilisant des mouvements circulaires. Après avoir estompé, vous pouvez voir si vous devez ajouter de l'ombre ou non .

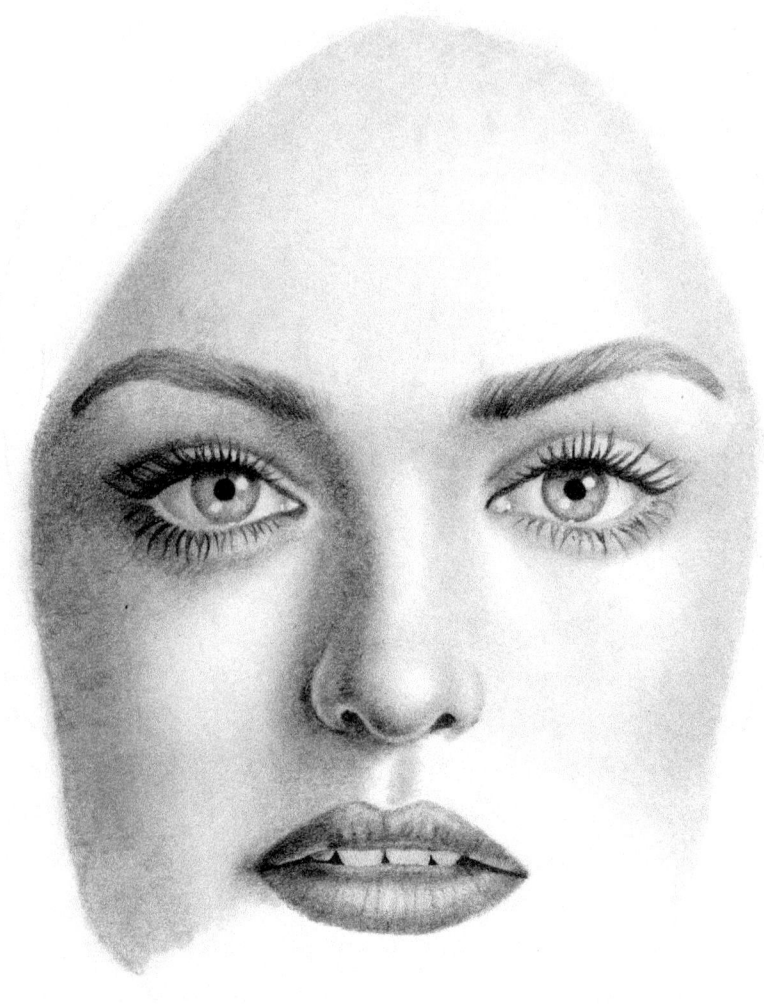

Nous pouvons maintenant continuer du côté droit, au-dessus des lèvres et de toute la zone située autour du coin droit des lèvres. Ombrez tout en utilisant un mouvement circulaire avec un 6H, et n'appuyez pas trop fort. Gardez la même pression pour créer le même ton partout. Estompez le tout avec un mouchoir.

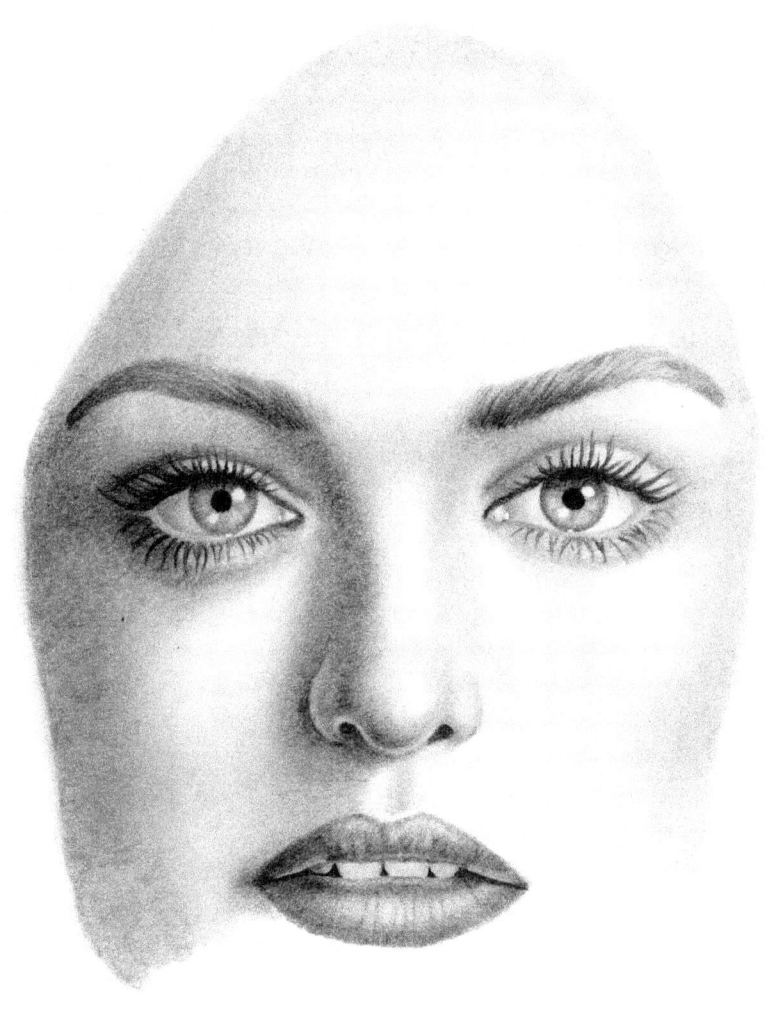

Nous pouvons maintenant continuer sur le côté droit du visage que nous avons ombré avec un 2H en utilisant également des mouvements circulaires. Appuyez plus fort sur le côté droit et relâchez la pression lorsque vous vous approchez de la bouche. De cette façon, vous créez la rondeur de la tête, ou même du visage, en ombrant davantage sur les côtés droits et moins au centre.

Nous pouvons laisser le menton pour la dernière phase de ce dessin. Alors, concentrez-vous sur une petite zone à la fois. Petit à petit, cela deviendra une image complète. Ombrez le coin droit des lèvres en appuyant fort près de celles-ci et faites en sorte que ces nuances disparaissent dans le ton environnant.

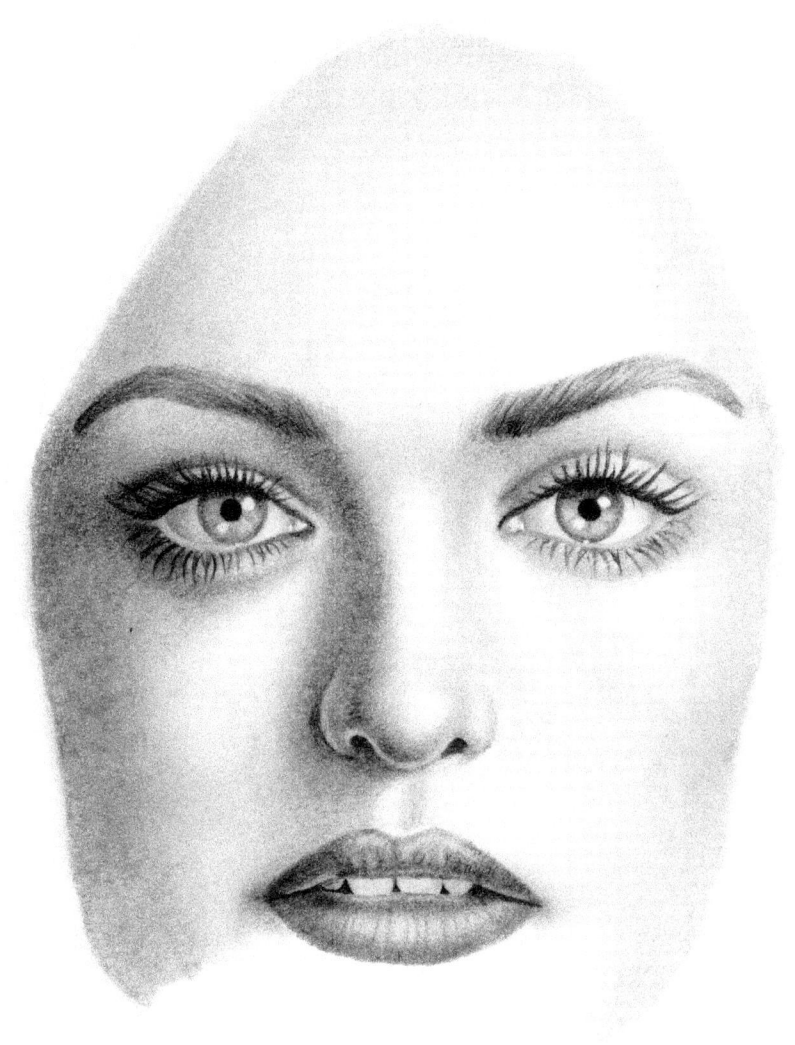

Finissons le visage en ombrant le reste de la zone inférieure. À l'aide d'un crayon à mine HB, commencez à ombrer l'ombre portée sous la lèvre inférieure en appuyant davantage, puis continuez vers le côté gauche du menton. Aussi, ombrez le bord de la mâchoire, en utilisant toujours un HB et des mouvements circulaires. Un HB est assez sombre pour cette zone, et nous devons laisser de côté la zone située au milieu du menton, qui reçoit beaucoup de lumière.

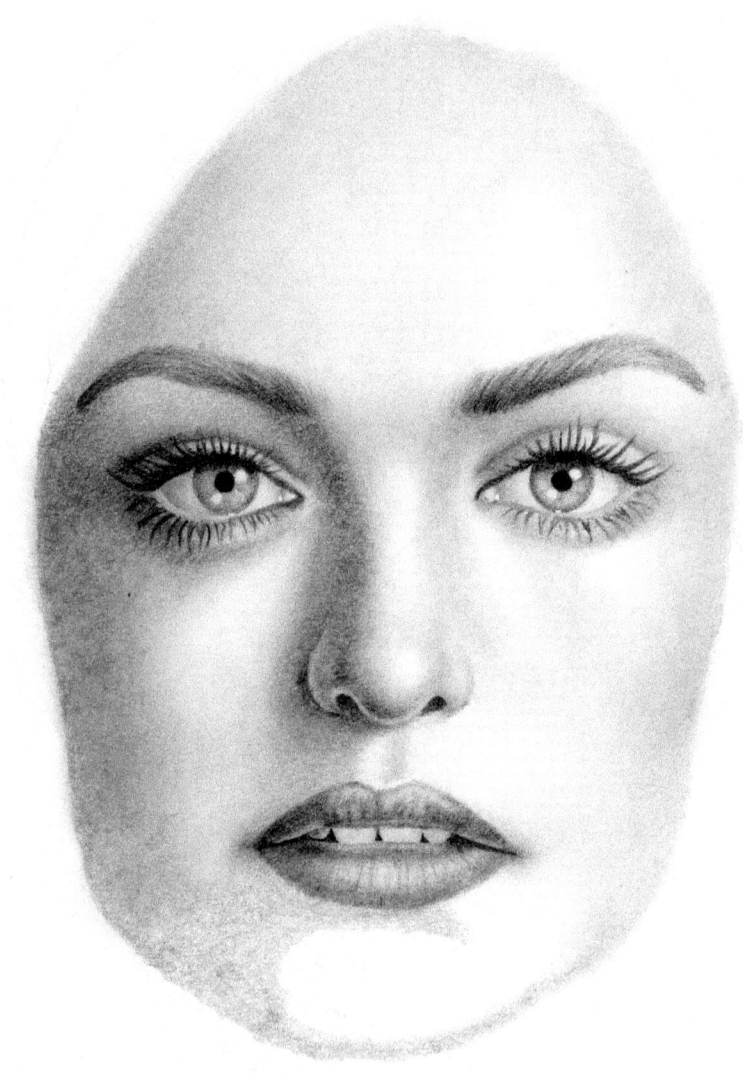

Ombrez les parties entre les lumières et la zone précédemment ombrée. Donc, fondamentalement, laissez simplement le milieu du menton intact et dessinez tout autour avec un 3H. Comme toujours, appuyez plus fort près de la zone HB et relâchez la pression en vous approchant des zones claires. Ombrez également le reste de la partie inférieure droite du visage en utilisant ce ton très clair, avec la pointe émoussée d'un 3H.

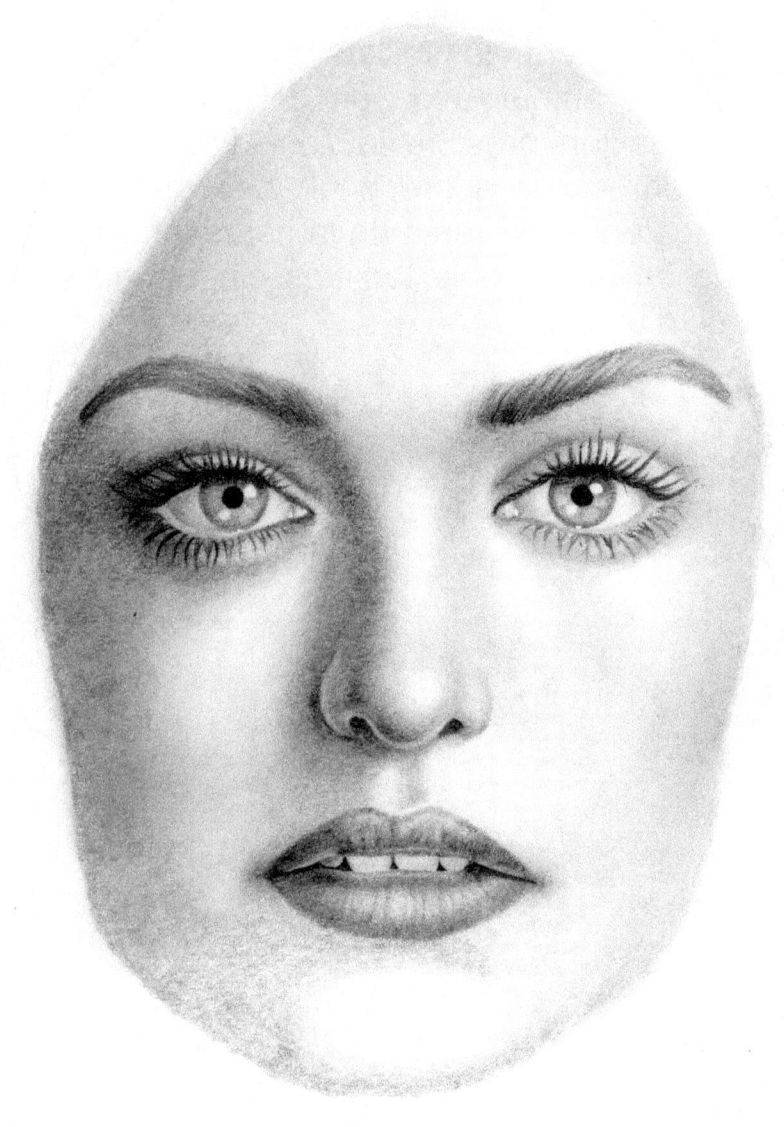

Utilisez un 6H pour ombrer un peu plus autour des lumières pour améliorer la transition de dégradé.

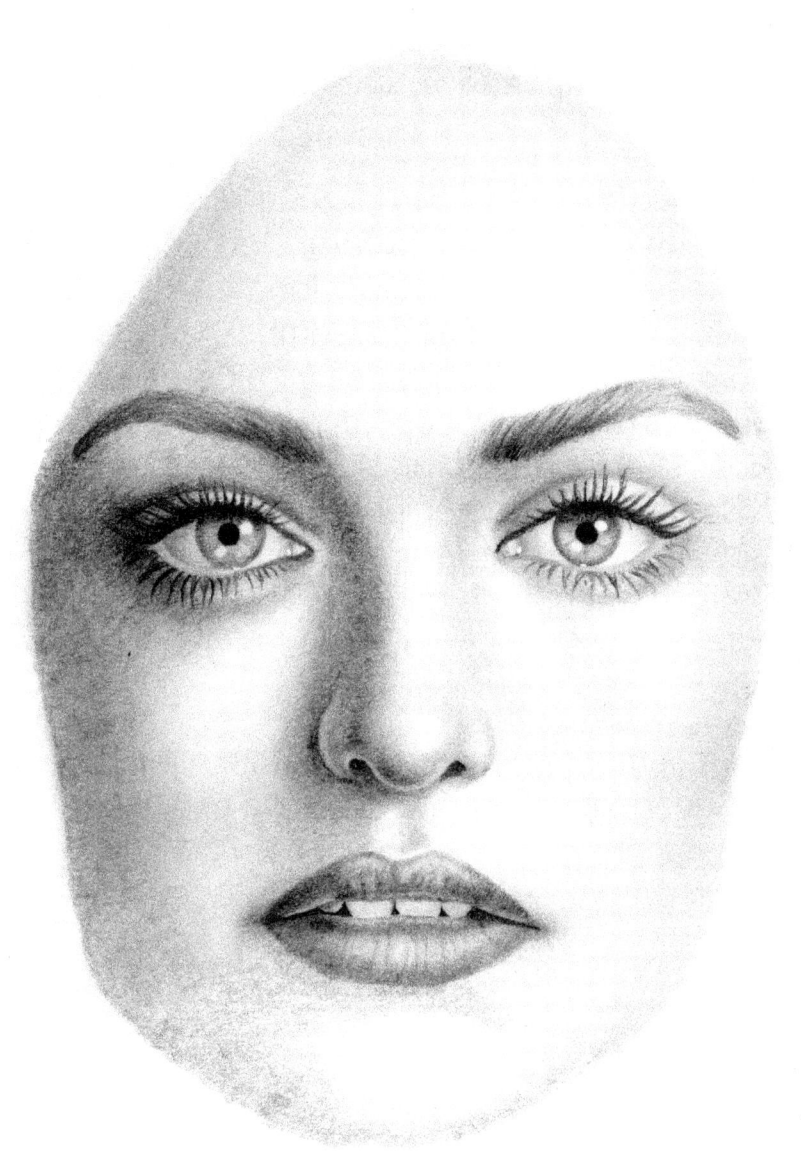

Estompez tout cela avec un mouchoir. J'ai ombré un peu la zone pour le cou, tout en atténuant le bord, mais cela n'a pas d'importance, car nous allons l'ombrer par la suite.

Commencez par estomper la zone mise lumineuse en utilisant un mouchoir propre, en effectuant des mouvements circulaires et en fondant vers les zones sombres. J'ai également assombri un peu la zone située sous la lèvre inférieure, à l'aide d'une estompe, car j'ai effacé beaucoup de graphite lorsque j'ai estompé. Cette ombre projetée suggérera également la forme de la lèvre et combien elle est pleine. Si elle est plus sombre, cela suggérera une plénitude de la lèvre; plus l'ombre est grande, plus la lèvre est grande. Donc, tout est arbitraire. Vous pouvez le faire comme vous le souhaitez.

Créez également une lumière réfléchie sous la lèvre en effaçant le bord inférieur à l'aide d'une gomme. Cela ajoutera encore plus à la rondeur de la lèvre.

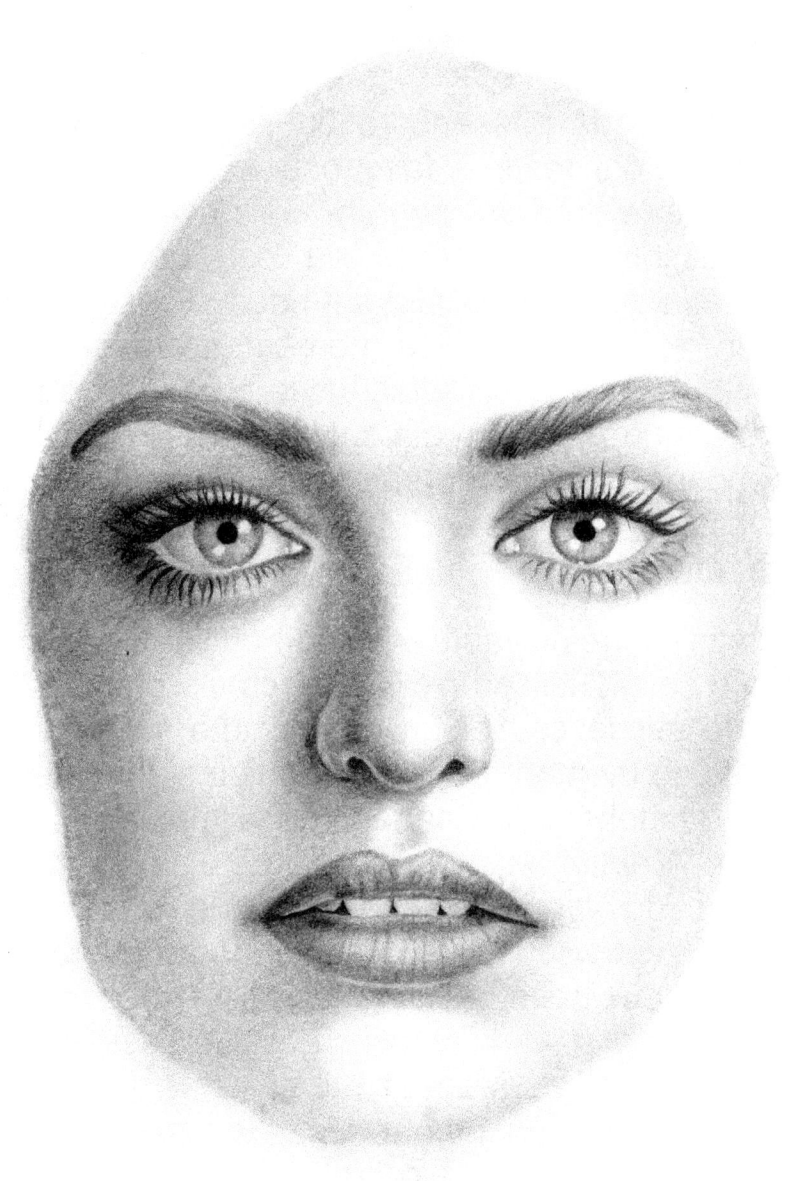

Nuancer la peau - Partie 3 : Le cou et l'oreille

Nous n'en avons pas encore fini avec le visage. La seule chose qui reste à faire est de créer la lumière réfléchie sur le bord du menton. Mais avant cela, nous devons assombrir la partie du cou qui touche le menton, afin de voir à quel point nous avons besoin de la lumière réfléchie. Pour le moment, ce ne serait pas tout à fait visible si nous effaçons le bord maintenant et nous ne saurions pas si cela suffit. Donc, en gros, nous commençons à travailler sur le cou et ensuite nous allons simplement revenir au visage pour créer la lumière réfléchie.

Regardez l'image suivante pour voir où j'ai commencé à ombrer le cou. J'utilise un 8B pour créer l'ombre portée du visage sur le cou et un crayon très foncé pour la zone près du menton. Et comme toujours, lorsque vous travaillez en dehors du visage, créez simplement un ton plus clair. Maintenant, ici, le ton de l'ombre dépend également du type de cheveux que vous voulez dessiner. Si vous souhaitez dessiner des cheveux longs ou des cheveux noirs, vous devez utiliser des tons très sombres. Mais si vous voulez dessiner des cheveux blonds ou courts, vous devez utiliser un B pour la zone que j'ai ombrée. Donc, utilisez toujours quelques nuances plus claires que celles que j'utilise dans une étape donnée. Mais vous devriez essayer autre chose sur votre prochain portrait. Pour le moment, il est préférable que vous suiviez les instructions et que vous fassiez comme moi. Plus tard, vous pourrez expérimenter et faire beaucoup de choses différemment.

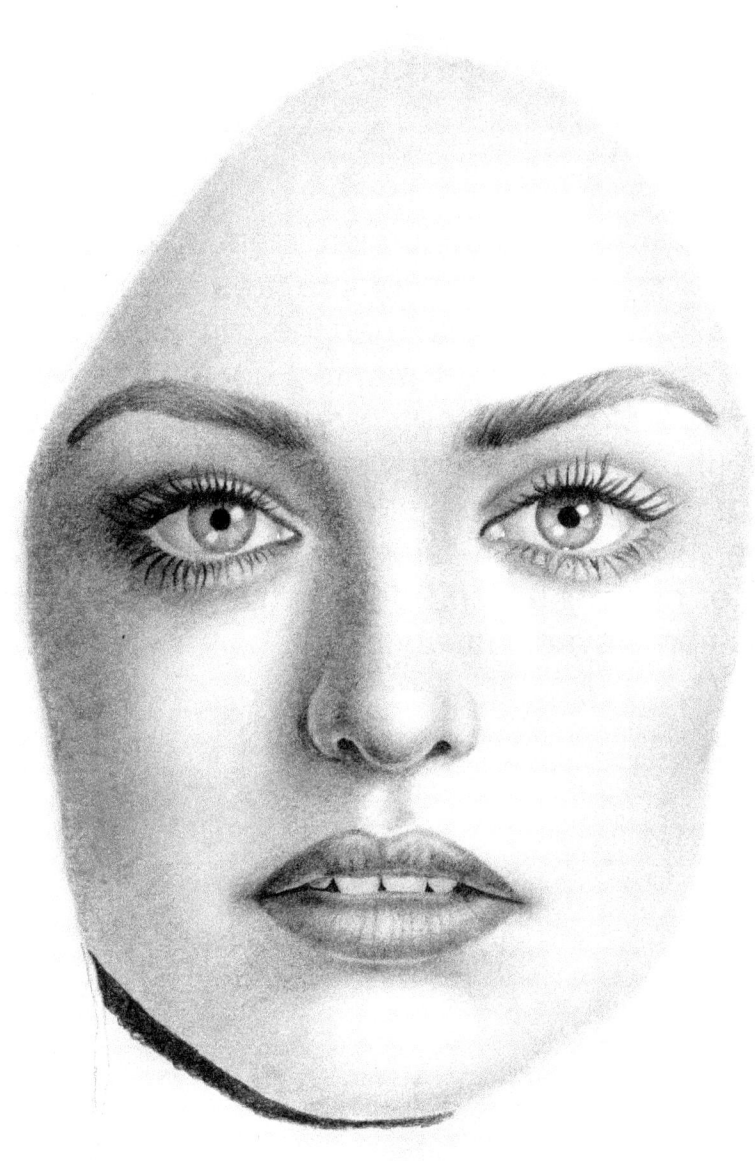

Pour poursuivre dans cette zone 8B, utilisez un B à côté, appuyez plus fort sur la zone 8B et appuyez moins lorsque vous travaillez en vous éloignant du visage. Ici aussi, appliquez tout le temps un mouvement circulaire.

Puisque notre source de lumière vient du coin supérieur droit, elle projettera une ombre très forte et énorme dans le coin supérieur gauche du cou. Imaginez simplement la forme du menton ou regardez dans le miroir, mais placez la source de lumière dans la partie supérieure droite de votre visage et voyez quelle sorte d'ombre le menton projettera. Si cela semble trop sombre, nous allons l'estomper avec un mouchoir en papier et enlever un peu de graphite, utilisez donc les tons sombres avec confiance.

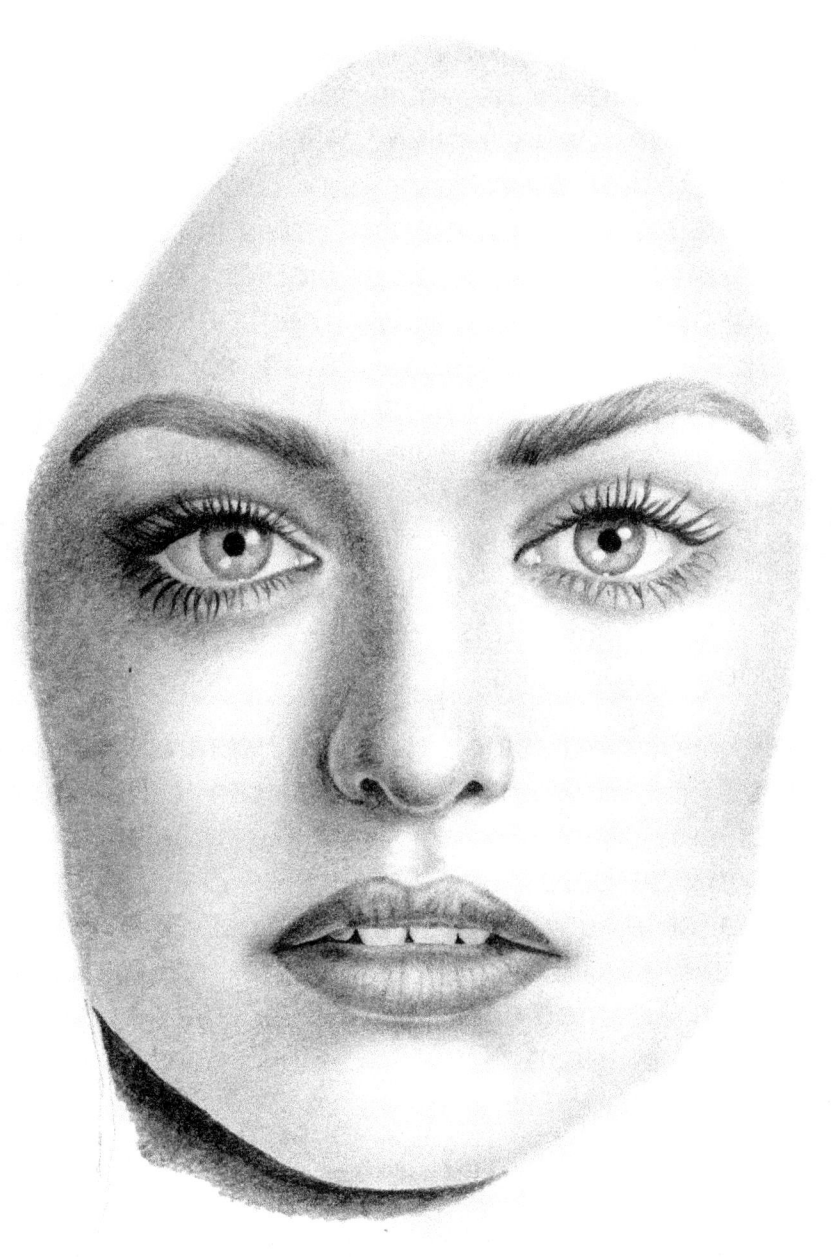

Maintenant que nous avons créé un contour de cette ombre, nous pouvons revenir au visage pour créer une lumière réfléchie. Mais vous ne devez pas réellement effacer le bord de la lumière réfléchie, car cette partie est assez claire, voire trop claire. Donc, en utilisant un HB, ombrez la zone du menton, mais laissez de côté le bord, environ un millimètre, et ombrez à côté de celui-ci. Mais, bien sûr, vous pouvez même effacer un peu le bord si vous le souhaitez. Cela suggèrerait une peau très brillante, mais vous pouvez l'essayer quand même. Ci c'est trop brillant, ajoutez à nouveau du graphite. N'ayez pas peur d'utiliser des tons sombres; vous pouvez faire n'importe quelle erreur parce que vous vous pratiquez de cette façon et gagnez de l'expérience. Les tons sombres ajouteront de la profondeur à votre dessin.

Lorsque vous dessinez vers le centre du visage, appuyez de moins en moins pour créer cette transition de dégradé. Vous pouvez voir que, après avoir ombré cette zone, le bord est devenu plus clair, mais je n'ai pas éclairci la lumière réfléchie. C'est ainsi que nous améliorons la luminosité en ombrant tout autour. Maintenant, le menton semble beaucoup plus rond et avoir une apparence 3D.

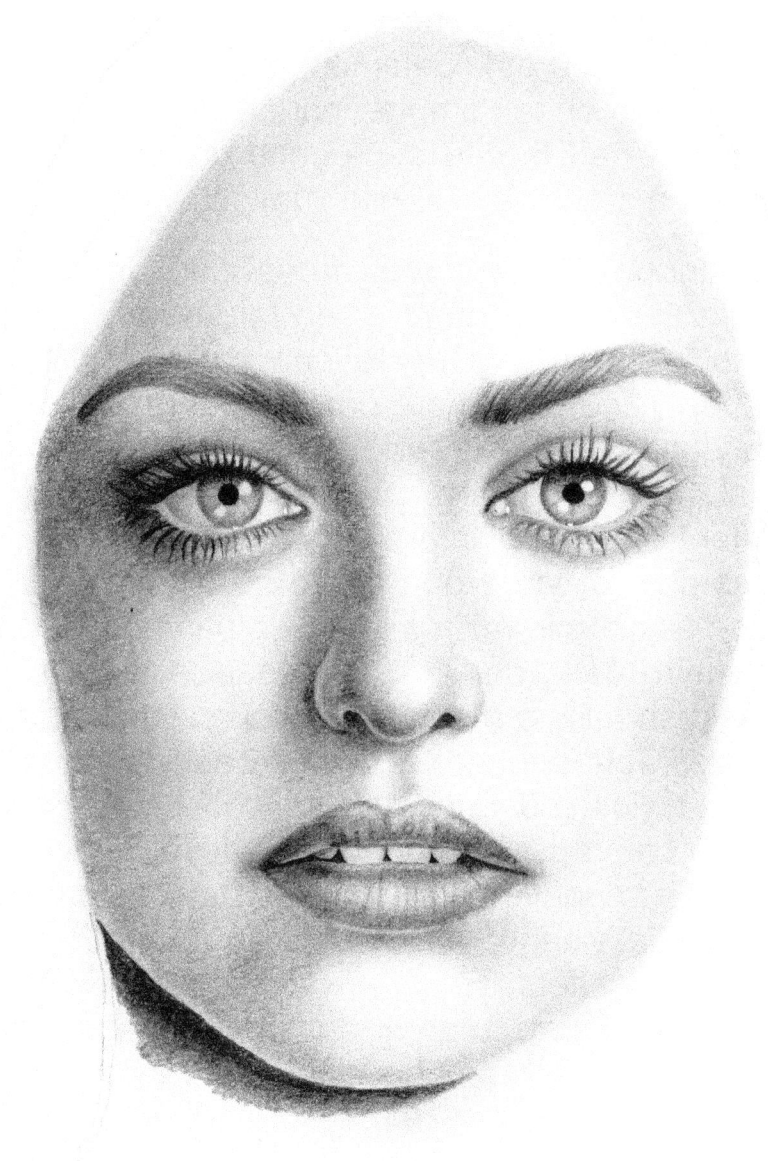

Nous n'allons pas dessiner beaucoup sur le cou parce
que nous voulons nous concentrer sur le visage dans

ce tutoriel, mais comme vous le voyez, la partie supérieure du cou est également importante à dessiner à cause de cette ombre portée. Finissons donc d'ombrer un peu le cou sous cette ombre projetée et également à droite, le côté plus lumineux.

En utilisant un HB, continuez à dessiner l'ombre portée sous la zone ombrée d'un B, en fait, là où nous nous sommes arrêtés avant de revenir au visage. Ombrez maintenant une zone un peu plus grande, comme indiqué dans l'image suivante, et continuez également à ombrer sous le menton du côté droit. Nous devons également avoir une ombre sur le côté droit, mais pas aussi sombre et large que sur le côté gauche. Un HB est donc assez joli, mais n'appuyez pas trop fort. Vous devriez faire cette partie assez épaisse et augmenter lentement sa taille à mesure que vous allez ver la zone du centre. Cela suggérera que le haut du menton se trouve plus loin du cou que les côtés des coins du menton. Ici aussi, appliquez des mouvements circulaires et appuyez plus fort ensuite près du visage, juste sous le visage, et relâchez la pression tout en atténuant les effets. En gros, sur le côté droit, nous devrions avoir une ombre dominante très petite et claire, et sur le côté gauche, une ombre très sombre et grande. Si vous voulez dessiner un portrait masculin, pensez à la pomme d'Adam, elle projetterait également une ombre. Nous allons tout estomper, mais avant cela, nous devons également créer les zones les plus lumineuses. Vous pouvez maintenant voir comment le visage semble être plus proche de nos yeux en raison de l'ombre portée sur le cou.

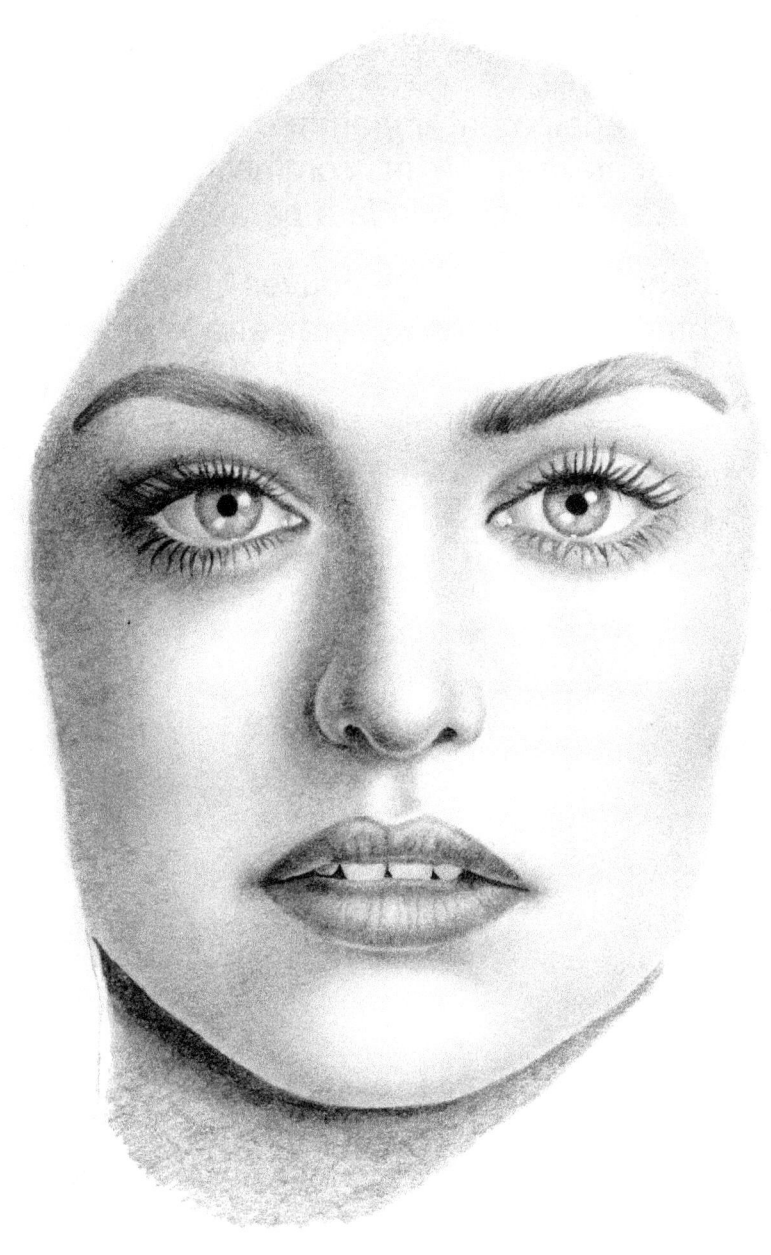

À l'aide d'un crayon 2H, ombrez sous les zones HB. Appuyez très fort à côté et, à mesure que vous vous en éloignez, appuyez de moins en moins, la transition de dégradé est également importante ici. Ombrez le bord du cou du côté gauche et, comme toujours, appuyez plus fort près du bord. Cela fera paraître le cou rond.

Dans l'image suivante, vous pouvez voir quelle zone j'ai laissée intacte. Cette zone devrait être la plus claire.

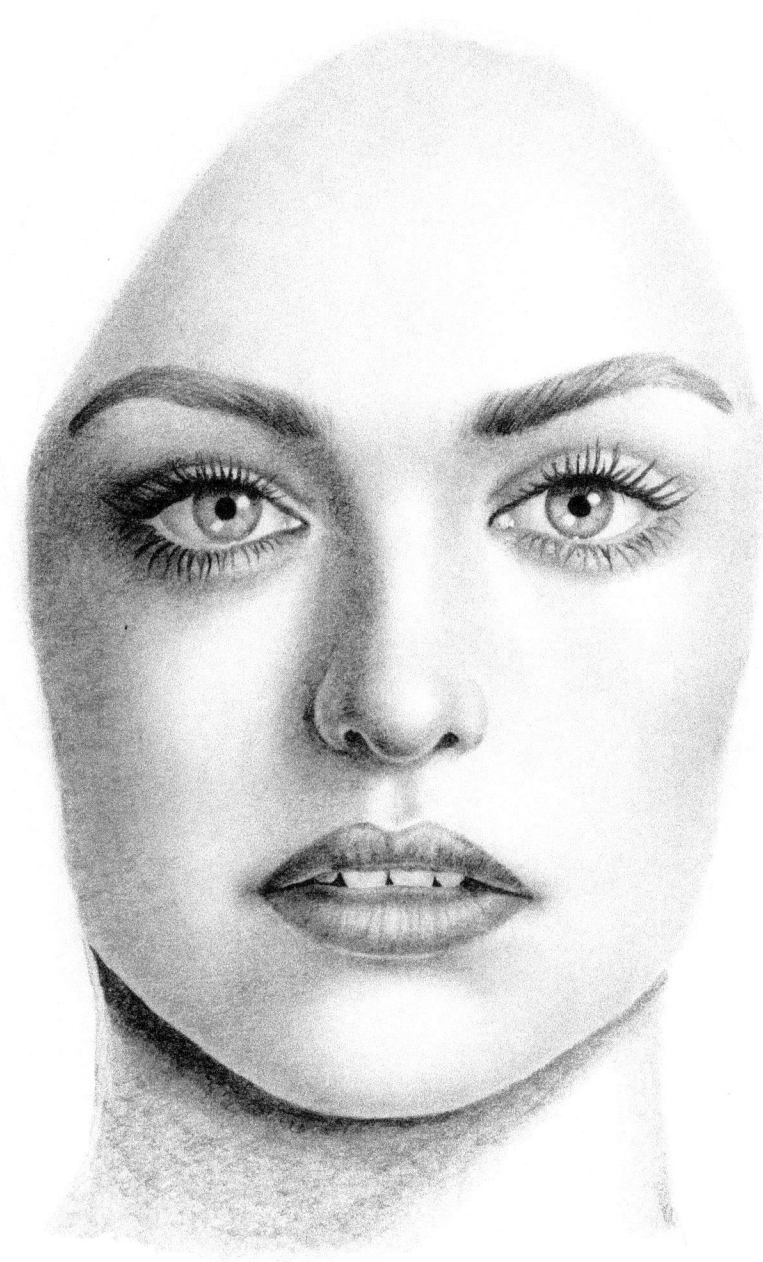

Finissez donc d'ombrer le cou avec un 6H et couvrez la
zone laissée sans ombres. Cette zone doit également

être ombrée, elle ne doit pas rester blanche.

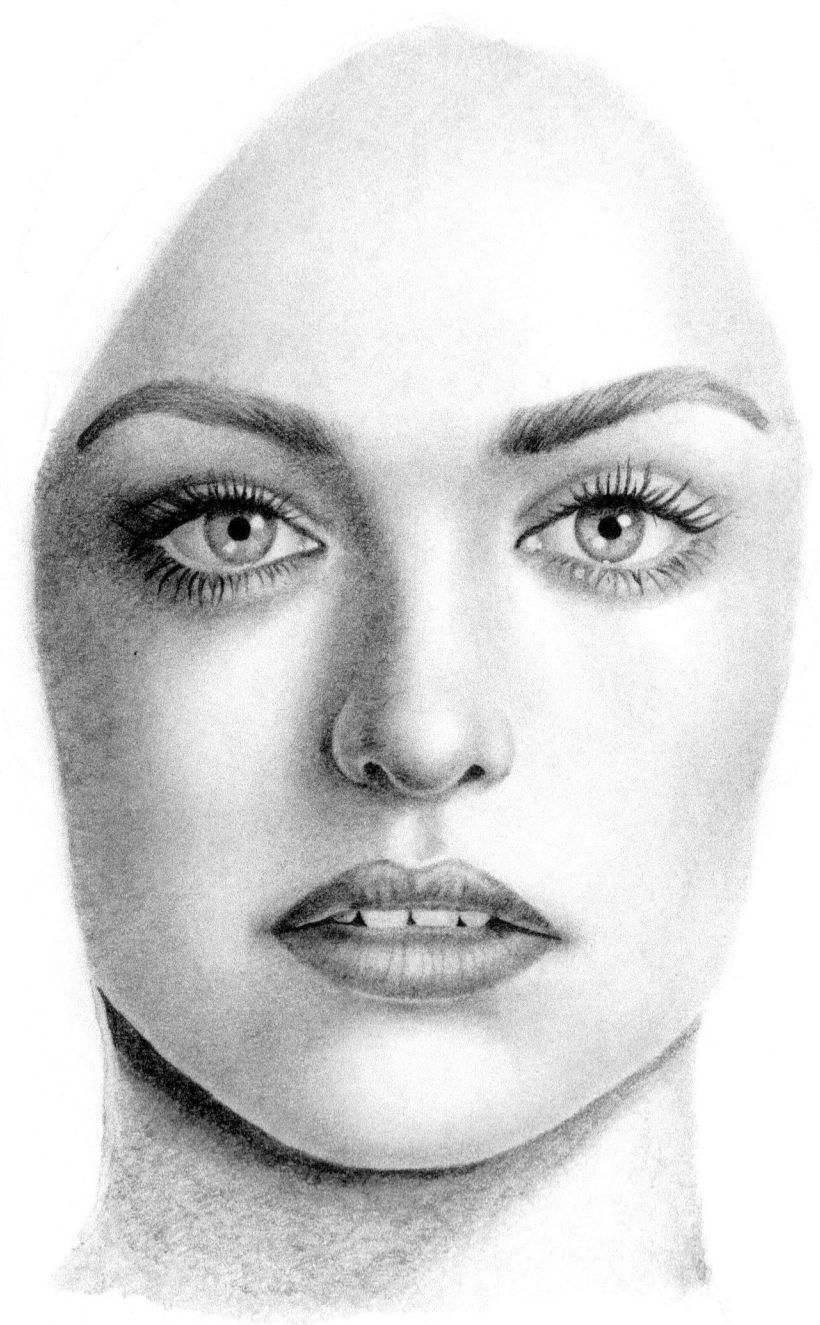

Nous pouvons maintenant estomper le tout avec un mouchoir en papier, en commençant par les zones lumineuses. Appuyez fort pour tamponner le graphite dans la dent du papier. Maintenant, vous pouvez ombrer davantage où vous voulez et estomper à nouveau.

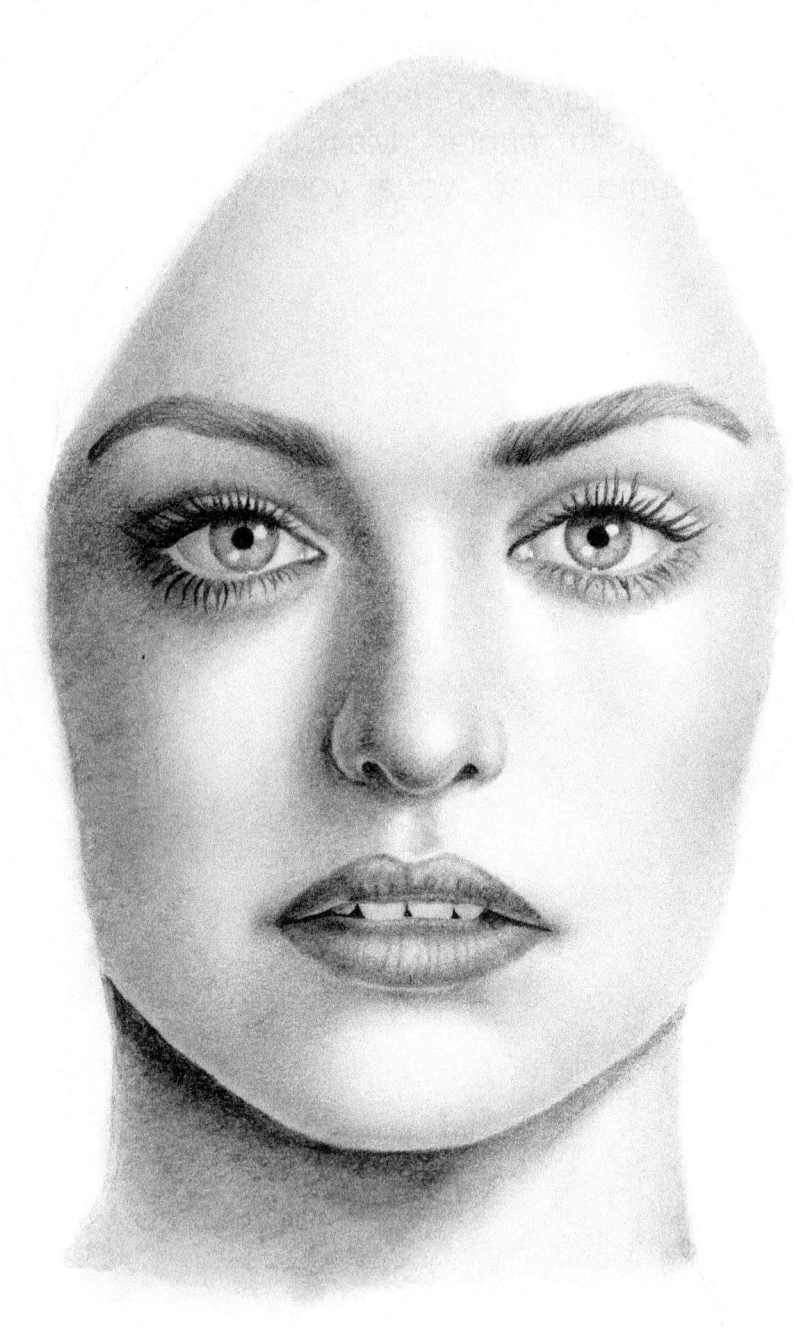

Laissez-moi simplement vous montrer comment faire l'oreille, si vous souhaitez la faire ici ou dans vos futurs portraits. Je commence par un HB, marquant les zones sombres qui reçoivent moins de lumière et projettent des ombres. Vous pouvez vérifier sur une photo de référence. Vous ne devriez pas utiliser de crayon plus foncé ici. Si nous dessinions l'oreille gauche, ce serait une autre histoire, car ce côté se trouve dans une ombre très forte.

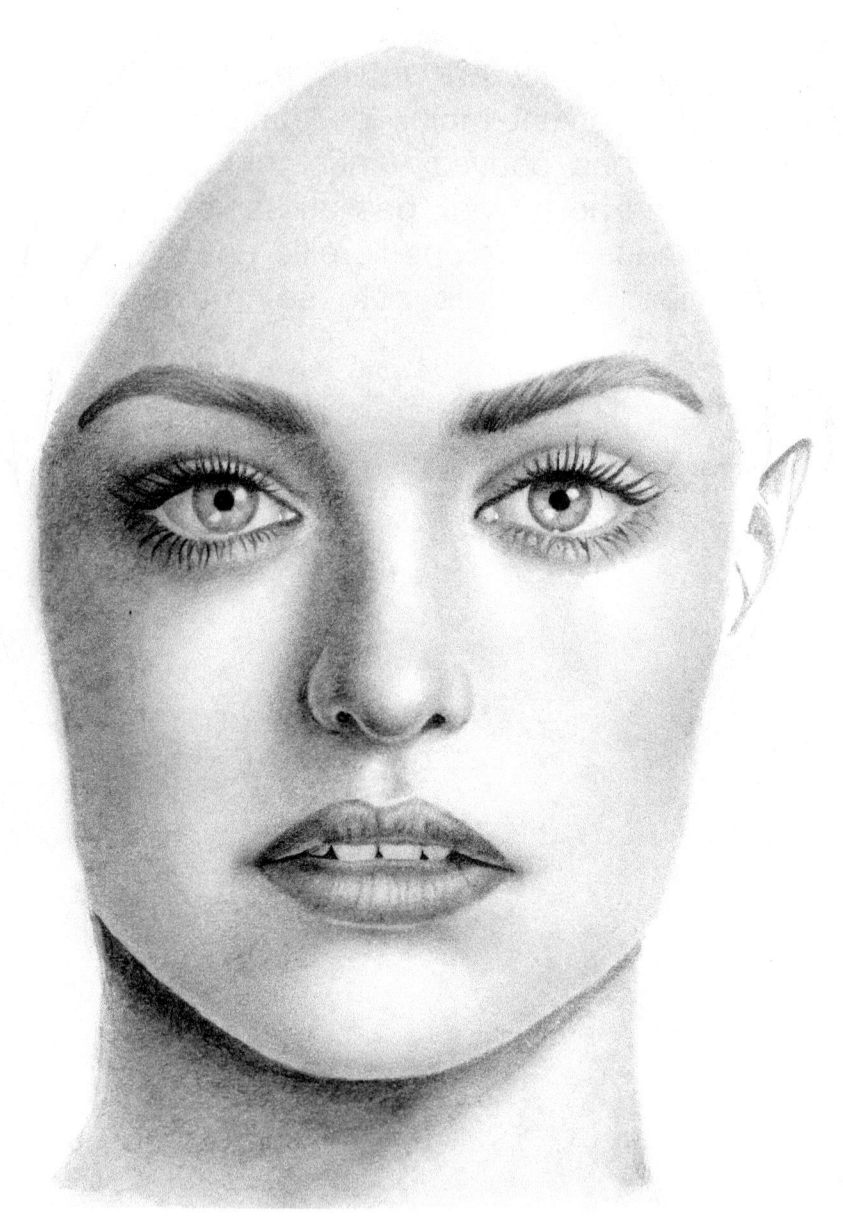

Utilisez un 6H pour couvrir le reste de l'oreille et marquez quelques lumières avec une gomme.

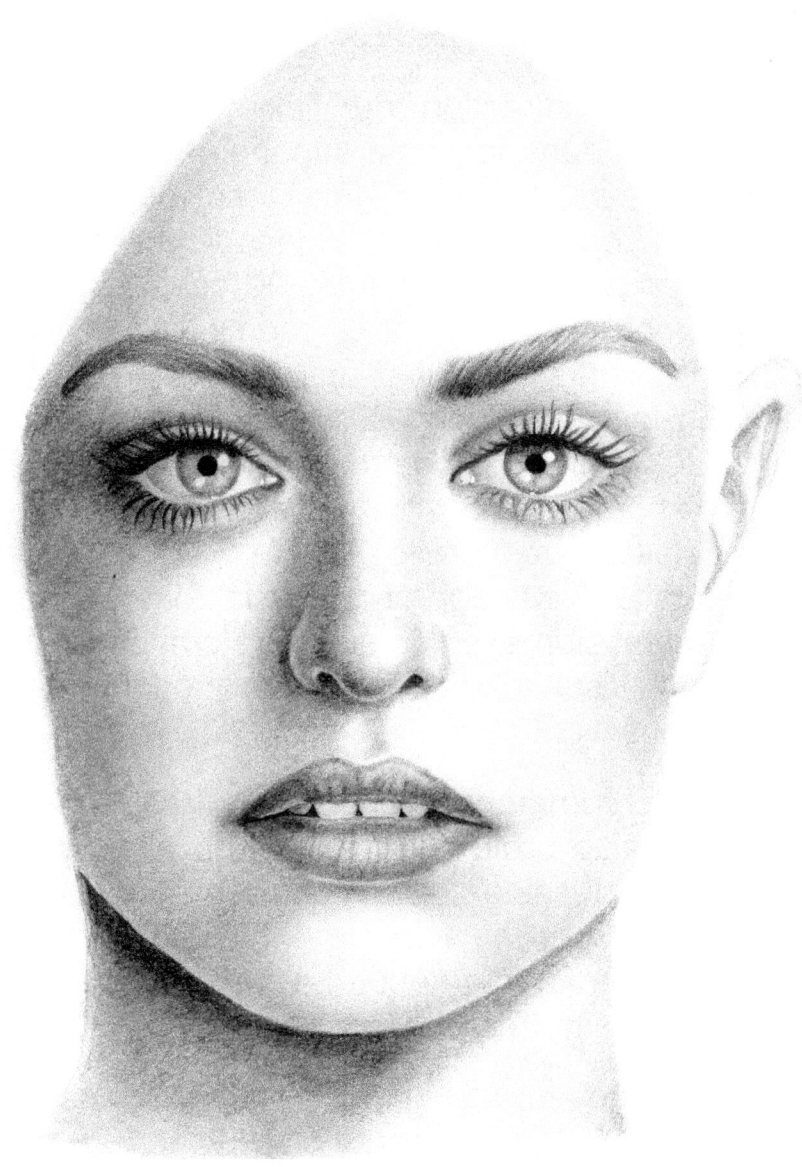

Comment dessiner les cheveux

Maintenant, nous pouvons commencer à dessiner les cheveux.

Nous avons la direction du flux de cheveux, par exemple ici ou dans la partie supérieure gauche de la tête. Jetez un coup d'œil à l'image suivante pour voir comment j'ai commencé et les lignes fléchées à suivre au cours des prochaines étapes. De cette façon, nous aurons la zone de lumière à mi-chemin et les cheveux paraîtront brillants. J'utilise un porte-mine avec du plomb 2B. Alors, dessinez les cheveux, un par un, vers la zone de lumière - comme indiqué dans l'image suivante. Appuyez plus fort près de la racine des cheveux, faites des traits rapides et relâchez la pression lorsque vous approchez de la zone de lumière. Modifiez la pression exercée sur votre crayon et passez plusieurs fois sur certaines zones pour créer une variété de tons.

Vous pouvez commencer à côté du front, là où les oreilles sont plus droites, et les rendre plus courbées lorsque vous dessinez en vous éloignant du front. Dessinez beaucoup plus sur le contour du crâne que nous avons créé au tout début. Le contour des cheveux doit être placé loin du crâne.

Dessiner les cheveux est un travail qui prend beaucoup de temps, cela prend souvent plus de temps que de dessiner tout le visage, alors prenez votre temps et concentrez-vous sur une petite zone à la fois. Si vous êtes gaucher, ce côté sera peut-être plus difficile à dessiner, mais pour les droitiers, le côté droit sera plus difficile à dessiner, car ce n'est pas très pratique. Quoi qu'il en soit, vous pouvez tourner le papier pour le rendre plus accessible, mais n'oubliez pas d'appuyer votre main sur un morceau de papier propre que vous avez placé sur votre dessin pour éviter de le maculer. Vous pouvez passer sur le front autant que vous voulez, vous pouvez le couvrir plus ou moins. Dessinez des cheveux sur le visage et sur l'arrière-plan de façon aléatoire.

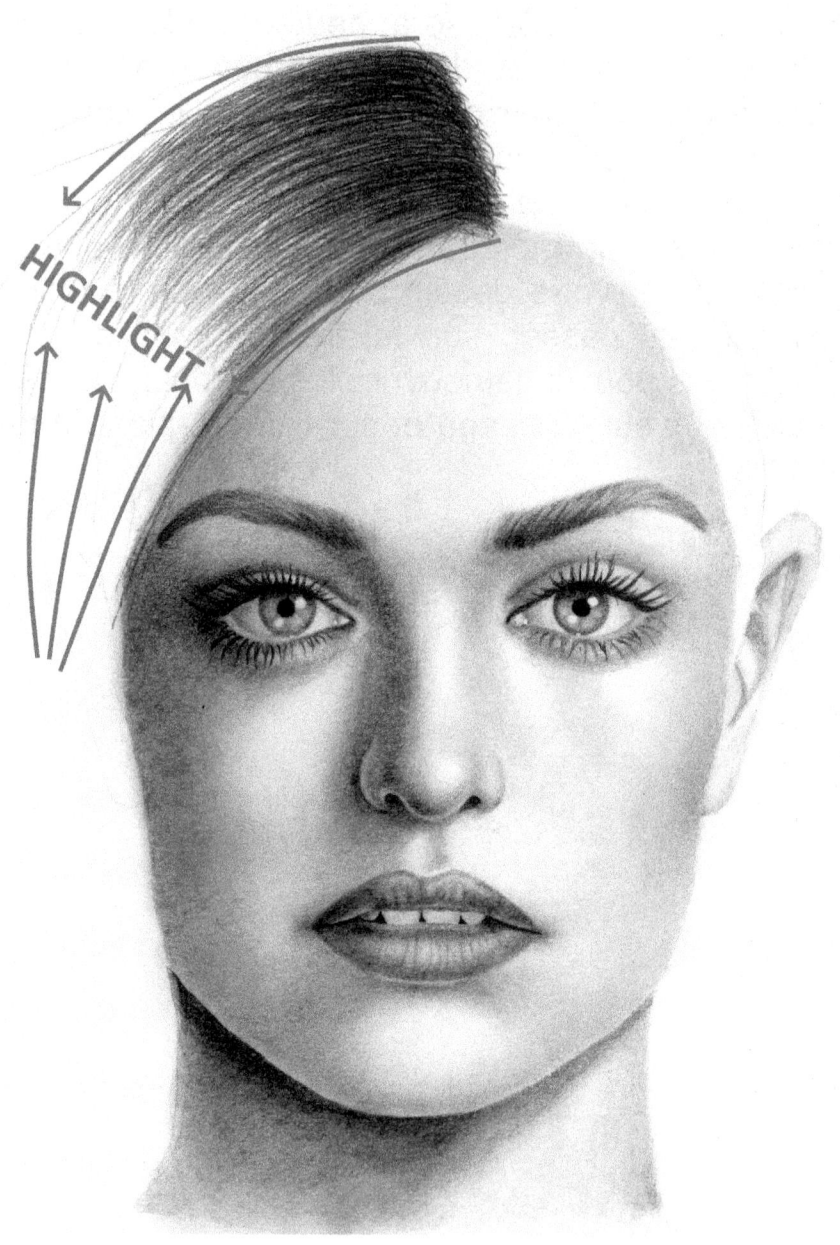

La prochaine étape consiste à dessiner dans la direction opposée vers la partie lumineuse, en suivant les lignes fléchées que j'ai placées numériquement dans l'image précédente. Toujours en utilisant une mine 2B dans un crayon mécanique ou un crayon 2B bien taillé, commencez à l'extrémité inférieure de la mèche de cheveux, à l'endroit souhaité, et dessinez chaque cheveu vers le haut. Comme toujours, appuyez plus fort sur les points de départ et relâchez la pression lorsque vous vous dirigez vers la zone de lumière.

Vous pouvez voir que cette lumière au milieu donne déjà un effet brillant aux cheveux. Certains des cheveux peuvent passer sur la zone de lumière.

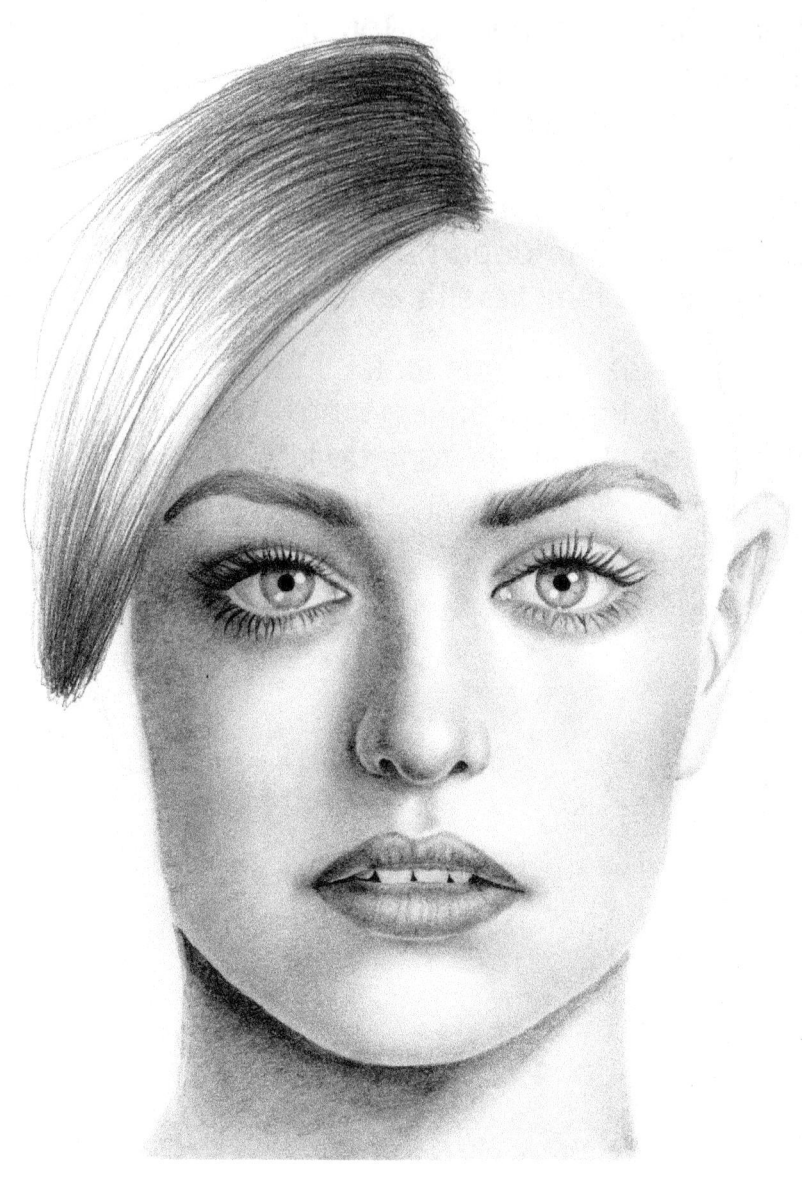

Maintenant, vous devriez changer votre mine pour une HB ou plus claire et continuer sur cette zone plus claire. Si vous n'avez pas de crayon mécanique, utilisez simplement des crayons bien taillés et, bien sûr, vous pouvez choisir des tons autres que ceux que j'ai. Recommencez par-dessus les cheveux précédemment dessinés, pas sur leur point de départ, mais quelque part par-dessus. Ne recommencez pas les lumières, car vous devriez déjà relâcher la pression et retirer la mine du crayon. N'appuyez pas trop fort, car le point lumineux doit rester brillant. Je veux dessiner des cheveux châtains, donc les reflets ne doivent pas être blancs, mais si vous dessinez en blond, les reflets peuvent rester d'un blanc absolu sur certaines zones très éclairées où les cheveux se recourbent. Dessinez des deux côtés en suivant la direction des lignes fléchées.

Ici aussi, modifiez la pression pour créer des cheveux plus brillants et plus foncés.

Dans l'image suivante, vous pouvez voir que je n'ai rien laissé de blanc, la zone entière de la surbrillance est recouverte d'un HB. Et aussi, vous pouvez voir comment les lumières et les ombres suggèrent la rondeur de la tête.

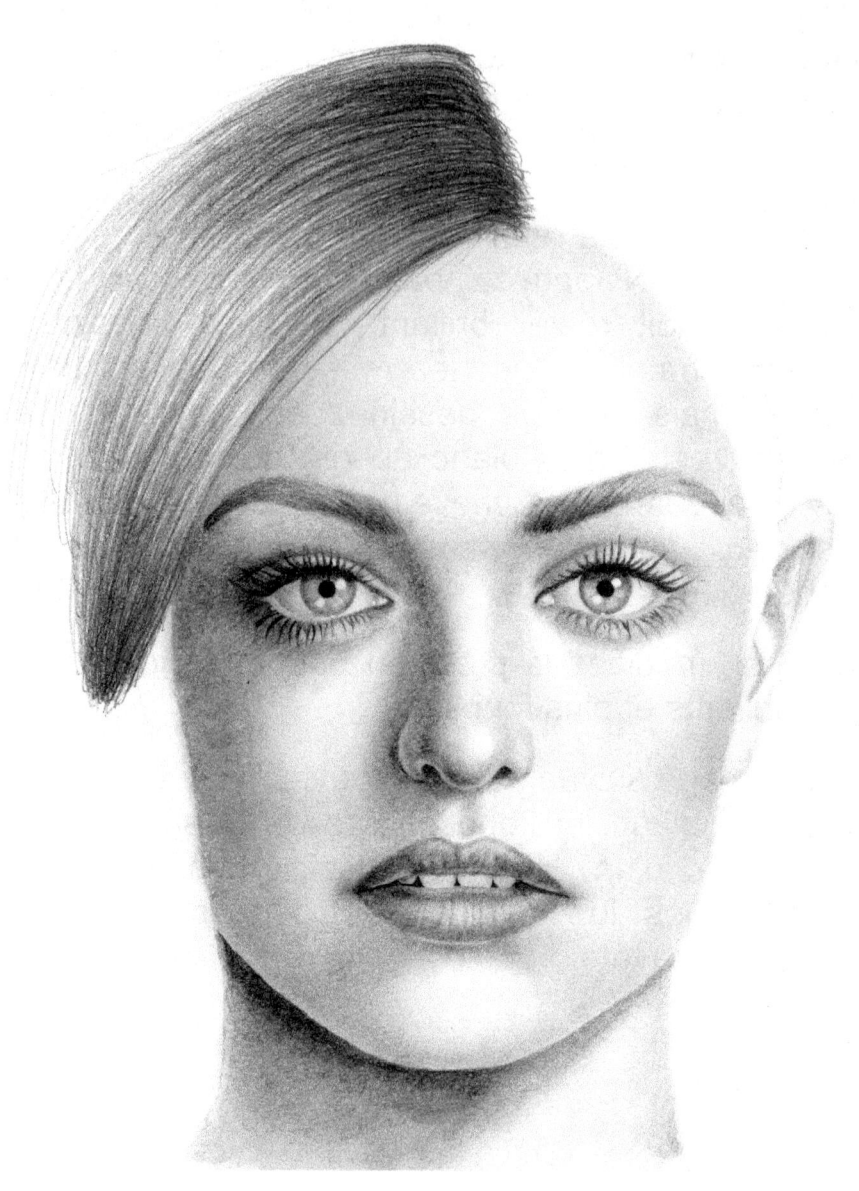

Estompez le tout avec un mouchoir en commençant par le milieu, en passant par les zones les plus lumineuses, puis vers les parties les plus sombres.

Vous ne devriez pas utiliser des mouvements circulaires maintenant, mais suivez ces lignes fléchées, juste dans la direction opposée, en commençant par la zone lumineuse. Prenez un nouveau mouchoir lorsque votre mouchoir est sale pour éviter d'appliquer trop de graphite sur les reflets. Dans l'image suivante, vous pouvez voir comment les cheveux apparaissent moins durs et semblent doux.

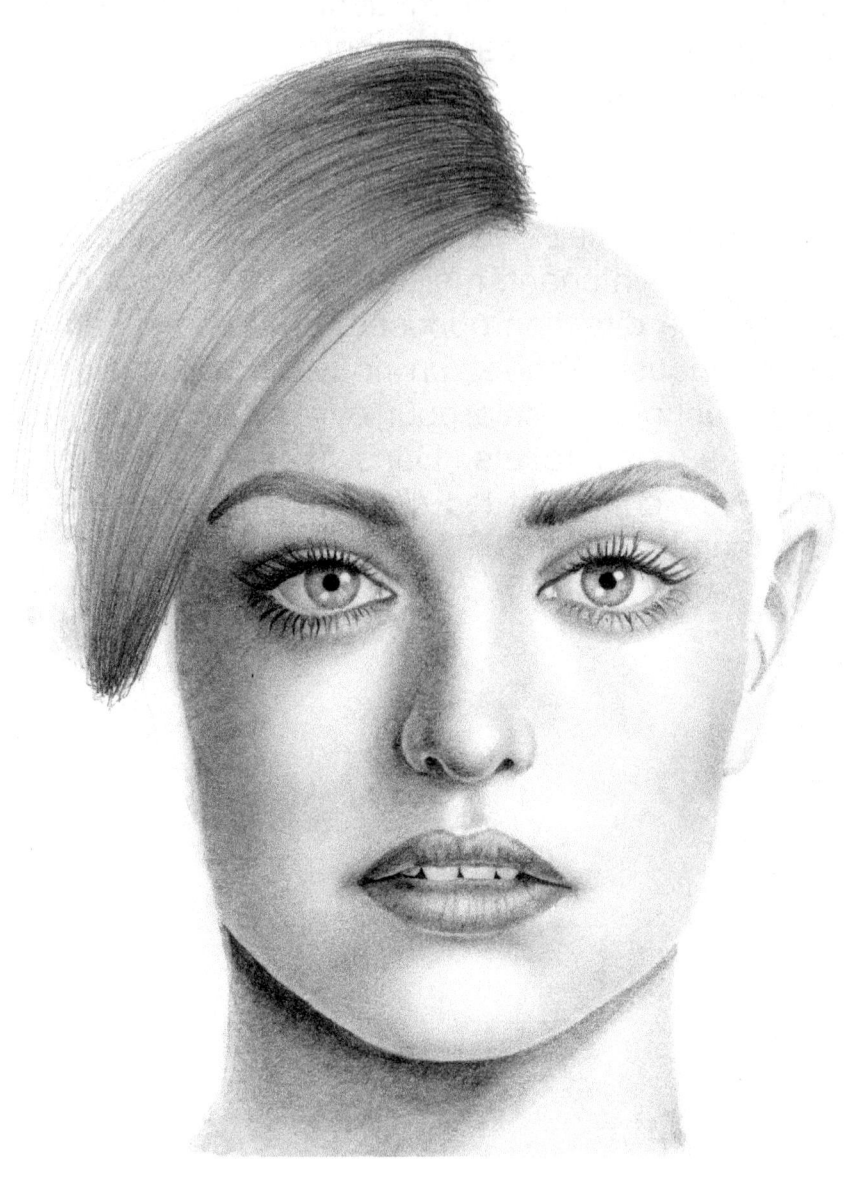

Ajoutez quelques cheveux clairs au milieu et sur toute la chevelure, en procédant de manière imprévisible, au hasard, en effectuant des mouvements rapides. Utilisez la pointe effilée d'une gomme et effacez les cheveux rebelles. Aussi, appuyez ici au milieu de la zone de lumière et effacez les mèches en direction des cheveux plus foncés. Si vous exagérez avec la lumière, recommencez avec un mouchoir et la lumière disparaîtra.

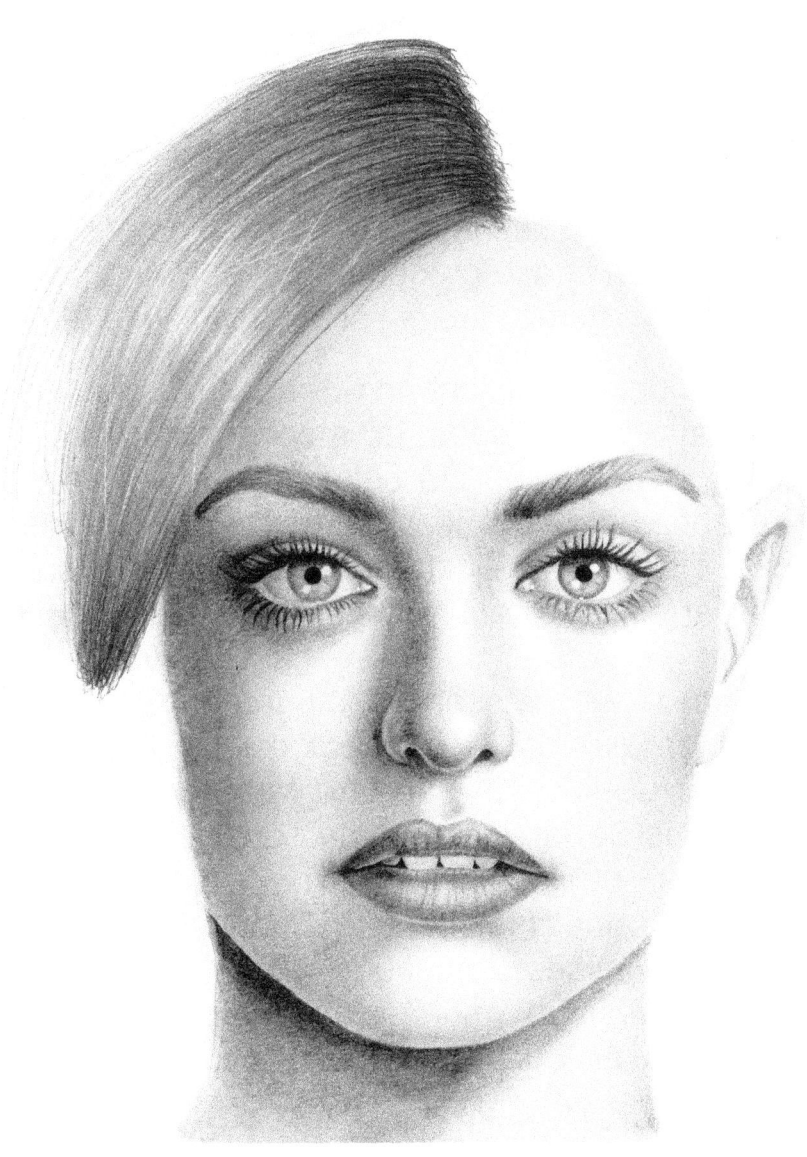

Maintenant, nous pouvons ajouter plus d'ombres à côté des racines des cheveux, en utilisant un crayon 8B ou tout autre crayon très foncé. Évitez simplement de passer par-dessus les cheveux clairs que vous venez de créer et assombrissez certaines zones avec un crayon très foncé. Mélangez un peu avec une estompe. 'N'estompez pas maintenant avec un mouchoir en papier, car vous pourriez passer sur les reflets et les assombrir de cette façon.

Ajoutez des mèches de cheveux plus sombres sur la zone de lumière en utilisant un HB, en appuyant légèrement et en les estompant avec une estompe. Comparez mon image précédente et suivante pour voir la différence et notez ce que j'ai fait dans cette étape.

Aussi, toujours en utilisant un 8B, dessinez les cheveux à côté du visage, sous la mèche que vous avez dessinée avec un 2B. De cette façon, la fin de cette mèche apparaîtra, même si elle est également assez sombre. Dessinez délicatement la mèche à côté du visage, car en dessinant les cheveux, vous façonnez le visage et vous pouvez en gâcher toute la forme. Commencez par presser très légèrement, et si tout semble bien aller, utilisez un crayon 4B ou un crayon plus foncé. Cette zone doit être très sombre, car elle n'obtient pas de lumière; même l'oreille ne serait pas visible, c'est pourquoi je trouve inutile de l'ombrer lorsque je dessine l'oreille droite. Si nous avions plus de sources lumineuses, une autre venant aussi du côté gauche, ce serait un ombrage différent, mais aussi plus difficile; je voulais que ce soit plus simple cette fois-ci.

Ne couvrez pas toute la surface du côté droit, dessinez

seulement environ un demi-pouce ou 1,5 centimètre près du visage. Le reste des cheveux, leur partie externe, doit être dessiné avec une nuance plus claire dans les étapes suivantes, car nous voulons dessiner des cheveux bruns. Tracez également quelques cheveux rapides sur le visage pour lui donner un aspect plus naturel.

Ici, vous devez décider du type de coupe de cheveux que vous voulez dessiner. Je veux les cheveux pas trop longs, pas trop courts, mais juste assez longs pour couvrir le papier jusqu'où j'ai arrêté de dessiner le cou. Je veux que la partie interne (plus foncée) des cheveux coule vers le cou, alors je dessine simplement les traits avec un 8B, mais la majorité des cheveux se trouvent derrière le cou.

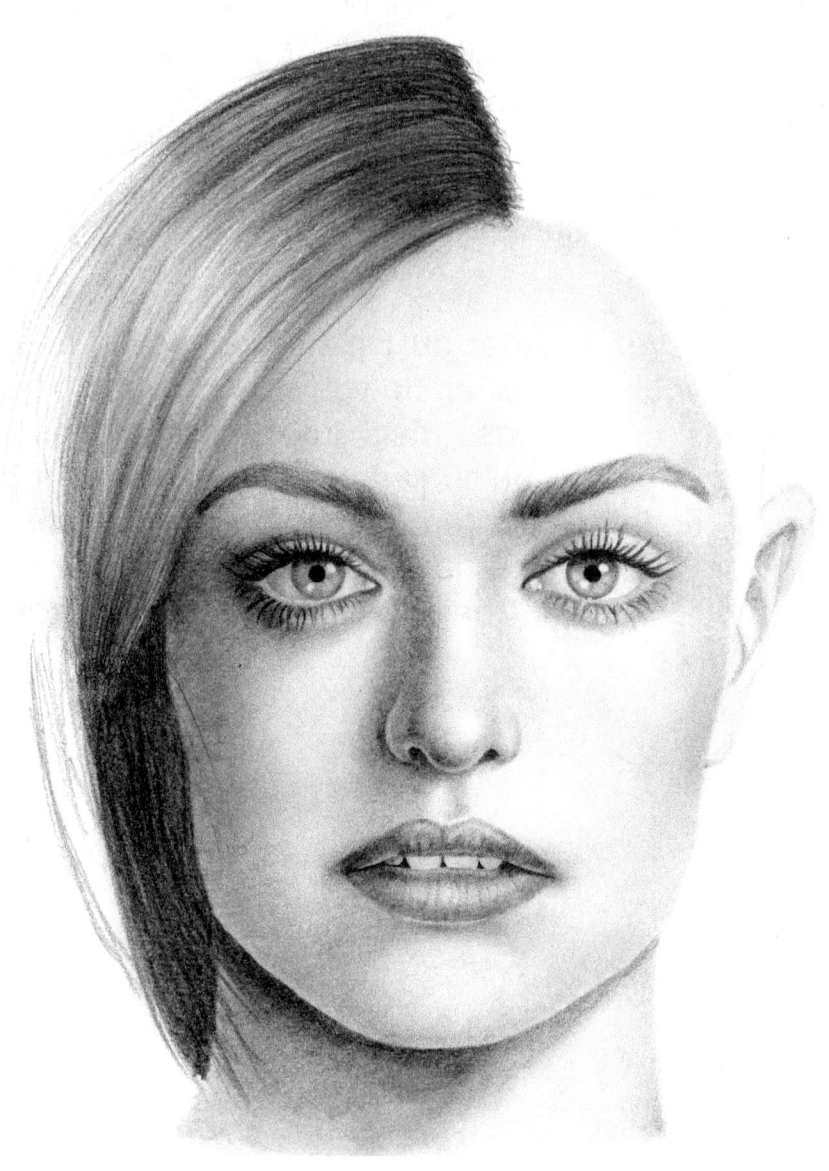

Maintenant, nous pouvons dessiner le reste des cheveux sur le côté gauche en utilisant un HB. Nous devons utiliser un ton plus clair pour les zones extérieures, car la coupe de cheveux reçoit plus de lumière.

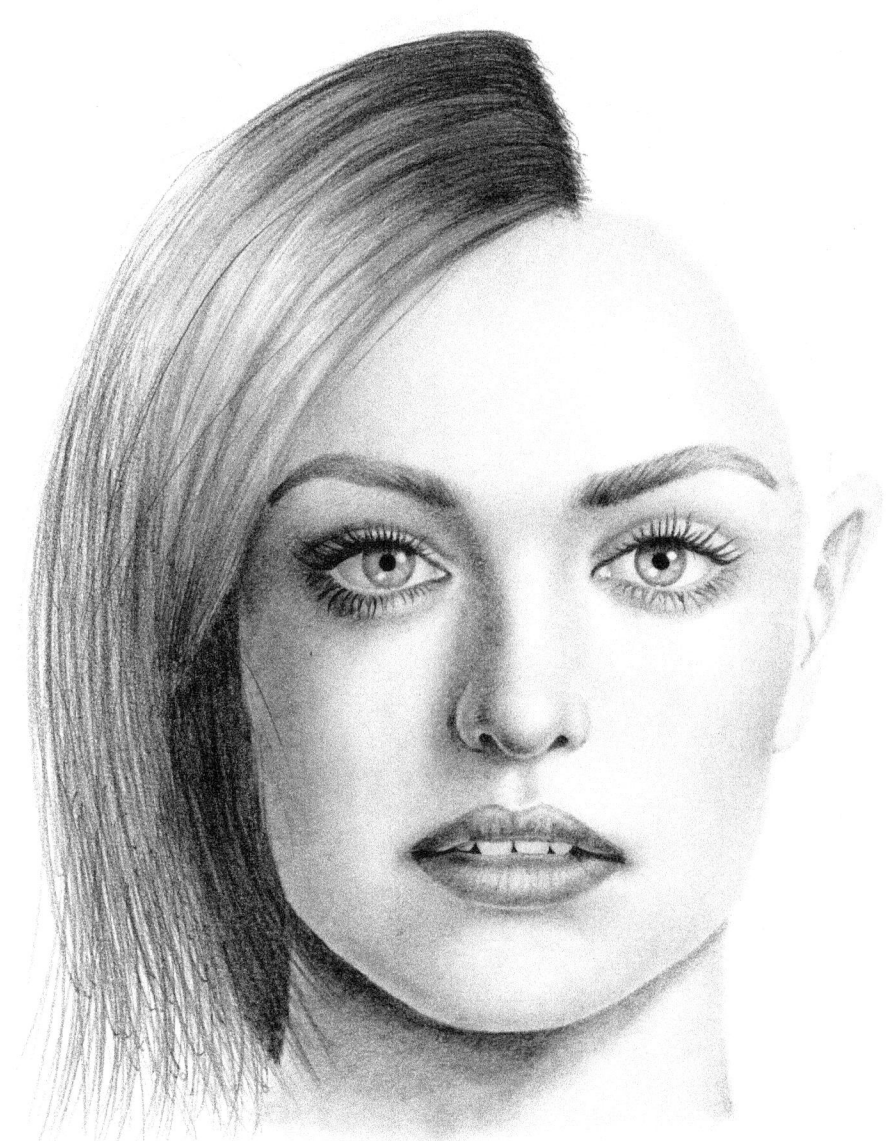

Estompez le tout en utilisant un mouchoir en papier.

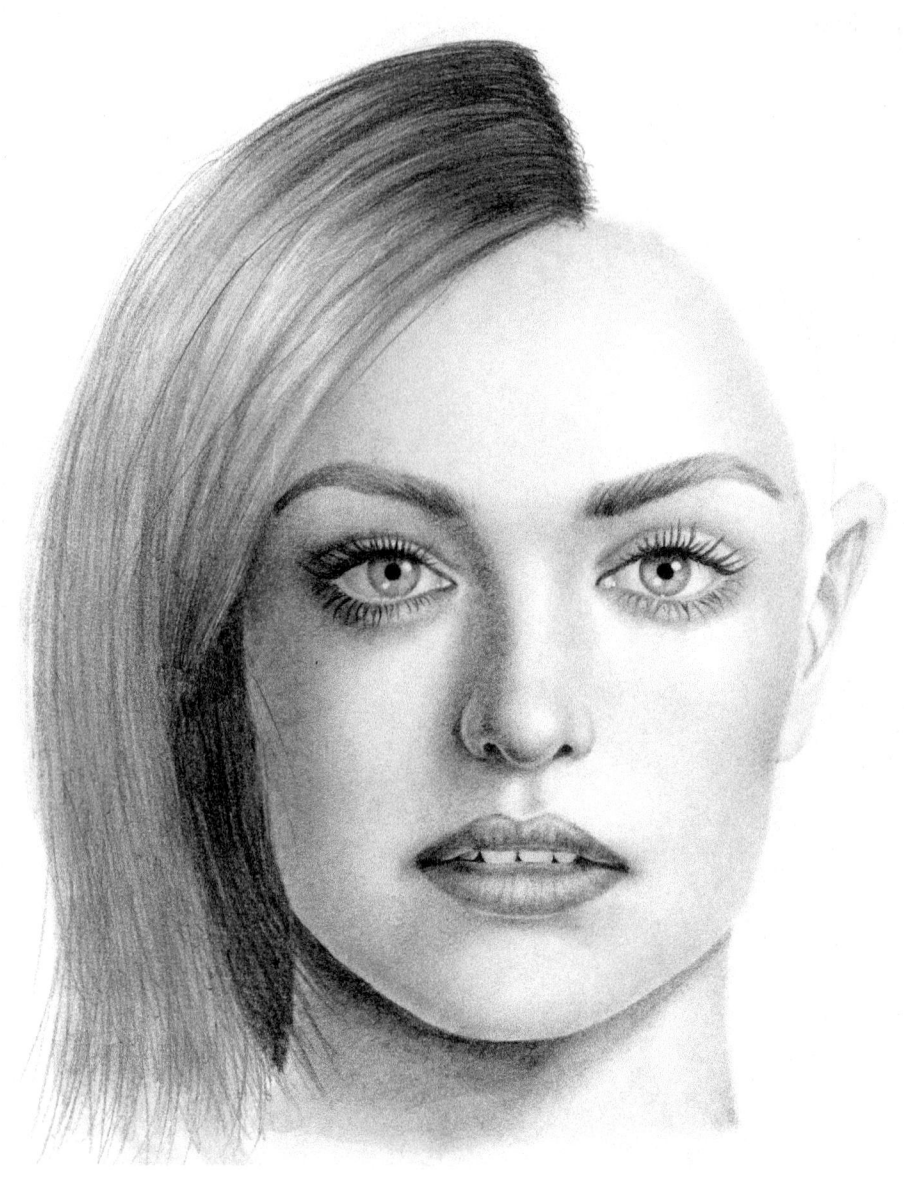

Créez les cheveux plus clairs avec une gomme, au hasard, sur le visage et le cou également.

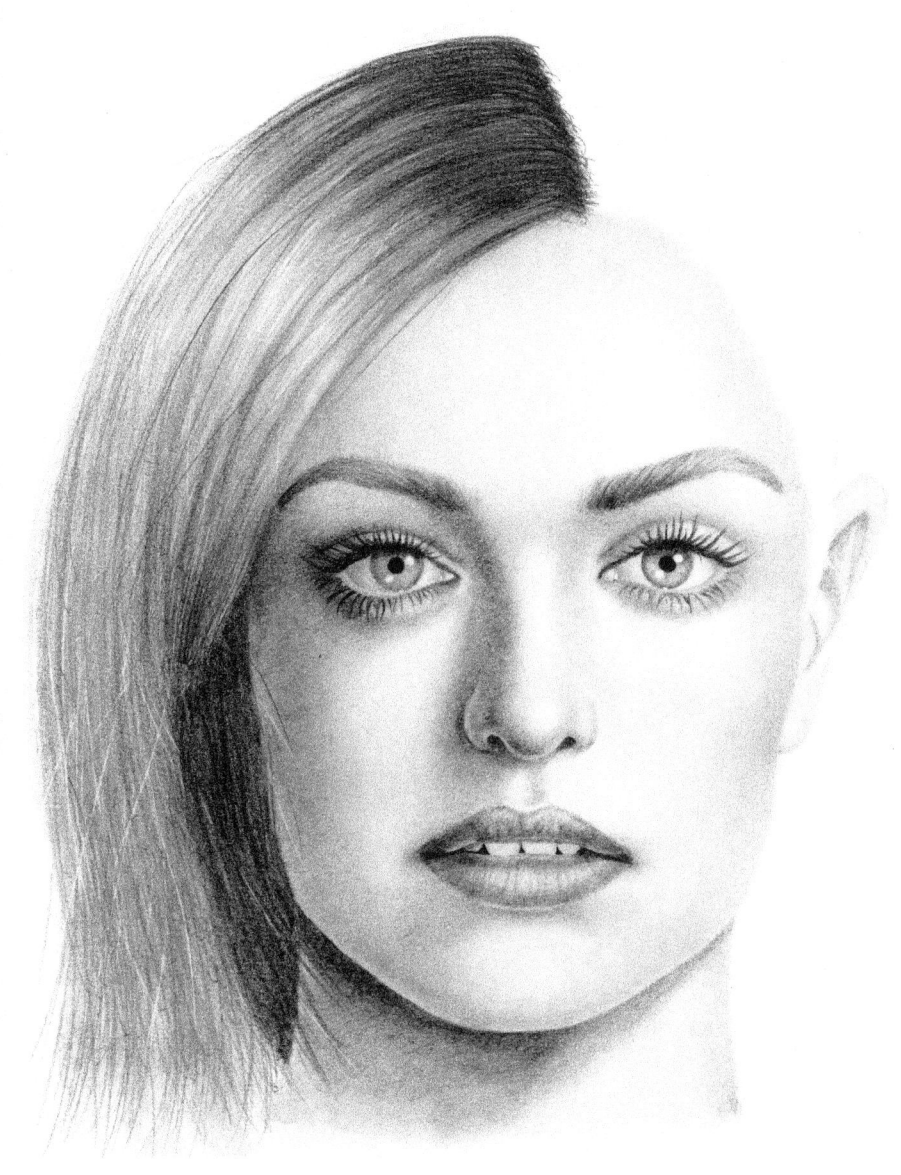

Ajoutez quelques cheveux noirs sur cette zone externe,
en utilisant un 4B ou plus foncé.

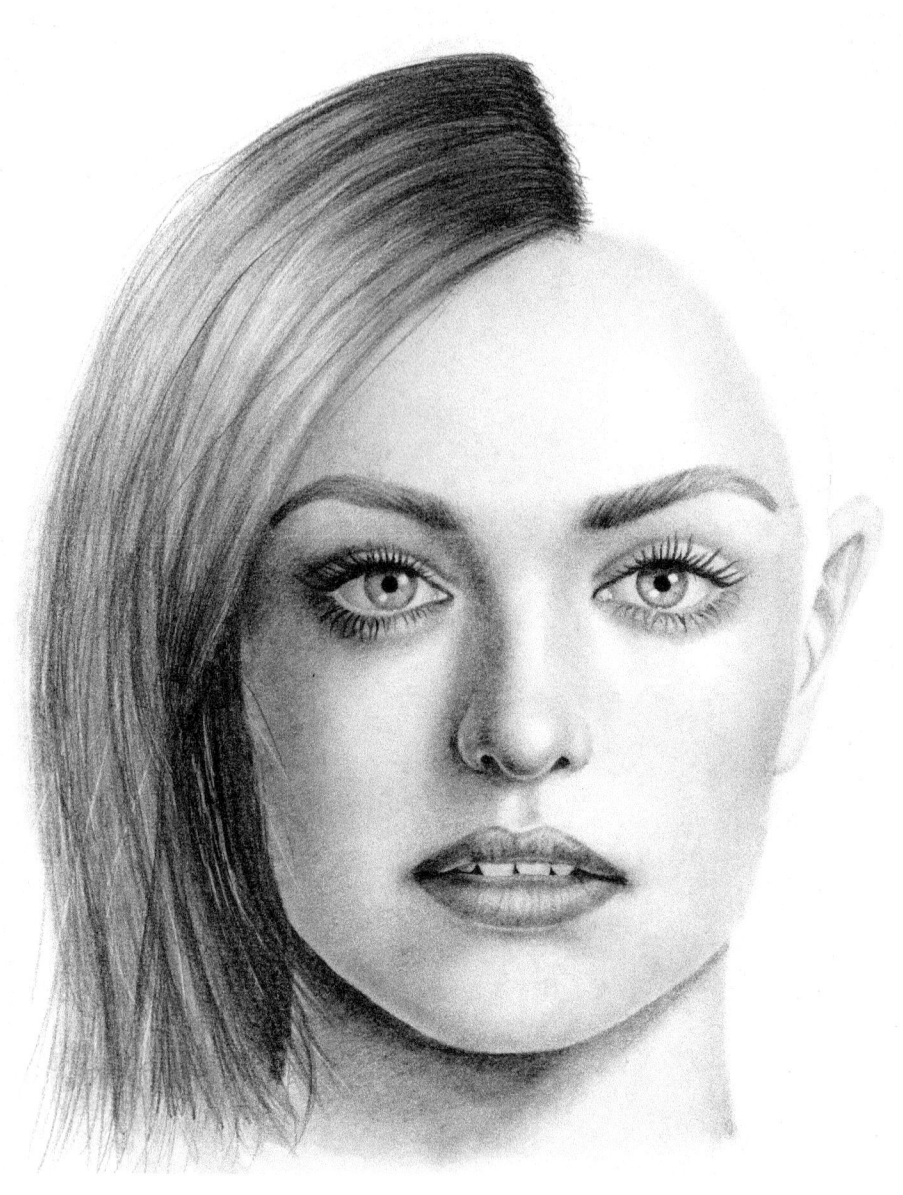

Passons maintenant du côté droit de la tête. Commencez par la zone supérieure droite et à côté de la racine des cheveux. Laissez environ 1 millimètre entre les zones pour la division des cheveux, la peau visible entre les deux parties des cheveux. En utilisant une mine HB dans un crayon mécanique, dessinez le début des cheveux, allez un peu vers le haut, puis courbez-les vers le côté droit. Vous pouvez voir ce que je veux dire dans l'image suivante.

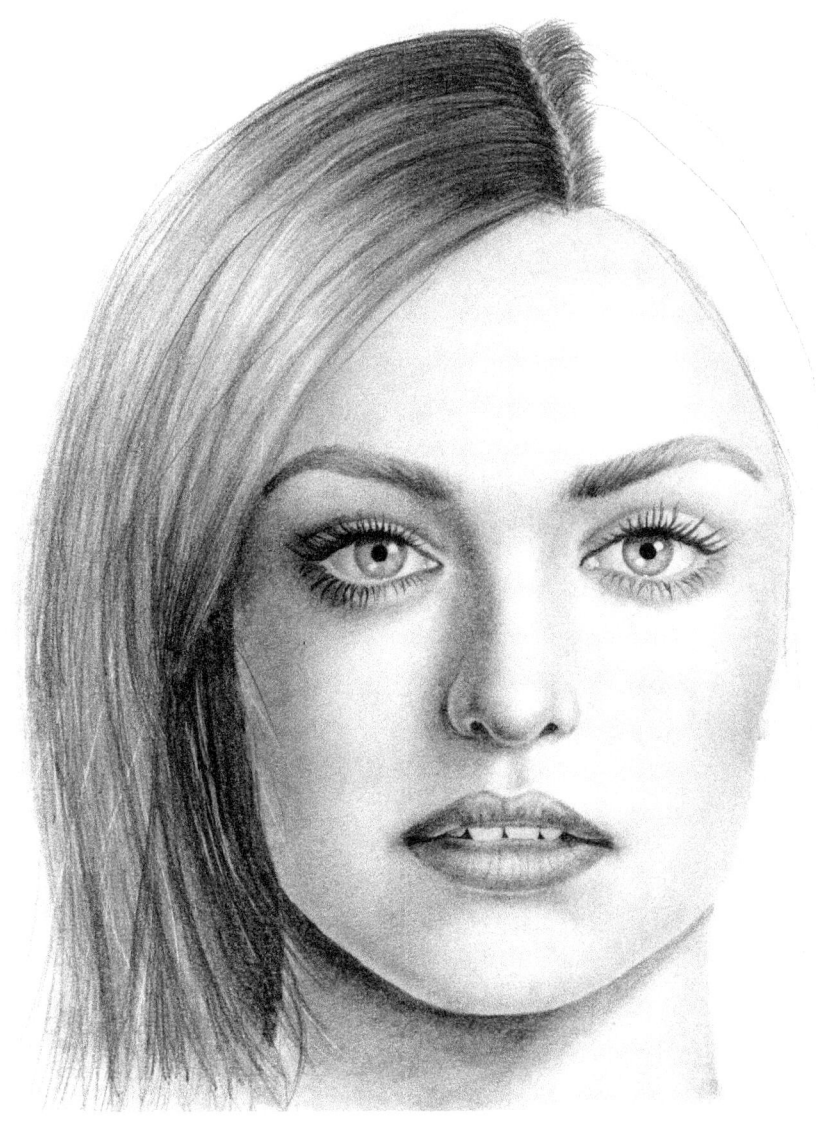

Maintenant, utilisez un 2H comme prolongement de

cette zone et dessinez les cheveux courbés vers le bas. Nous devrions également créer des points de lumière dans la zone en haut à droite, comme illustré dans la photo suivante. Appuyez donc moins sur lorsque vous approchez de la lumière à mi-chemin.

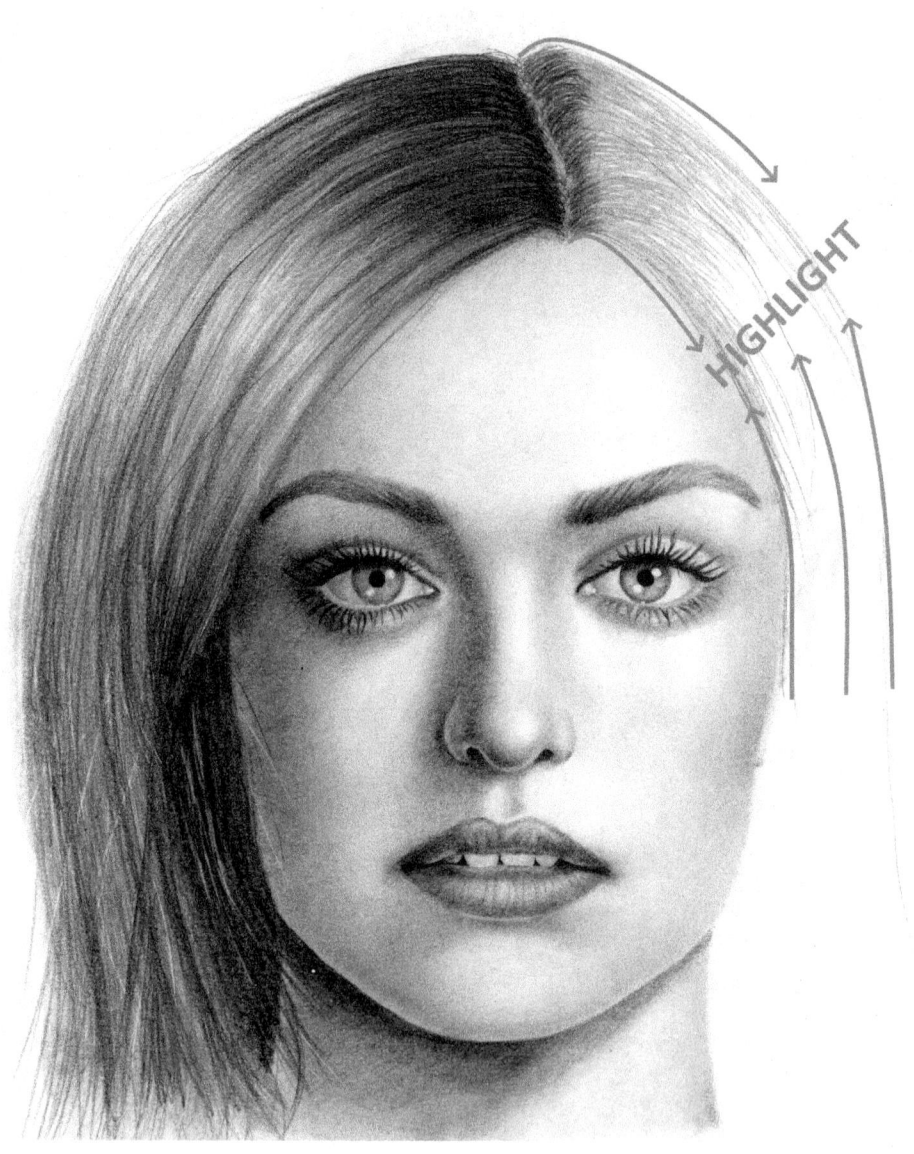

Toujours en utilisant un 2H, suivez les lignes fléchées de l'image précédente et tracez les cheveux vers la zone de lumière. J'ai effacé mon oreille parce que je veux dessiner les cheveux par-dessus, mais vous pouvez voir qu'après avoir dessiné et effacé dans cette zone, les lignes ne sont plus identiques à celles de la zone non touchée. C'est ce que j'ai mentionné lorsque j'ai dit qu'une fois que vous appliquez un crayon H ou un crayon plus clair, la partie dessinée sera toujours un peu plus claire que si vous la dessiniez sur un bout de papier vierge.

Alors, commencez par l'oreille et tracez les lignes vers le haut, en direction de ce point de lumière, en relâchant la pression à côté. Pour l'instant, la zone sous l'oreille n'est pas importante, car nous allons nous concentrer sur cette zone ultérieurement.

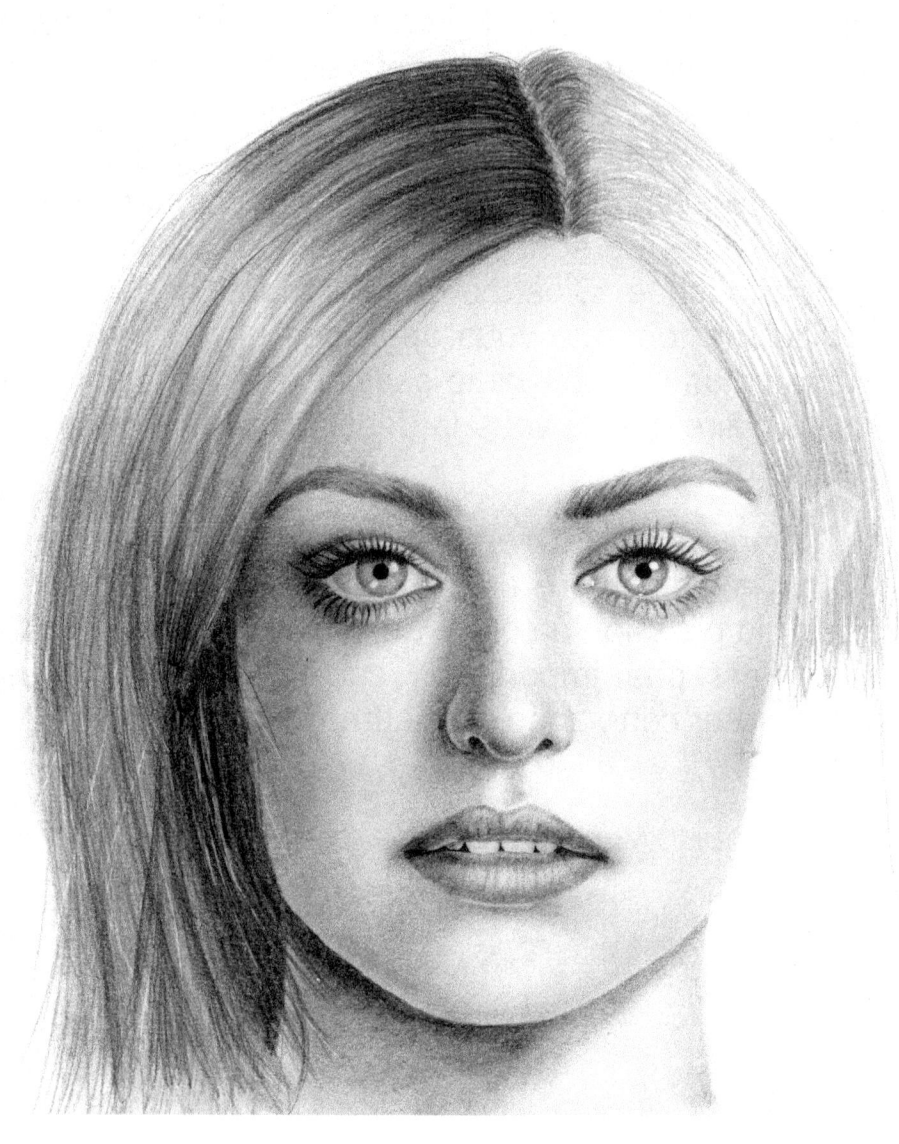

Estompez cette zone avec un mouchoir.

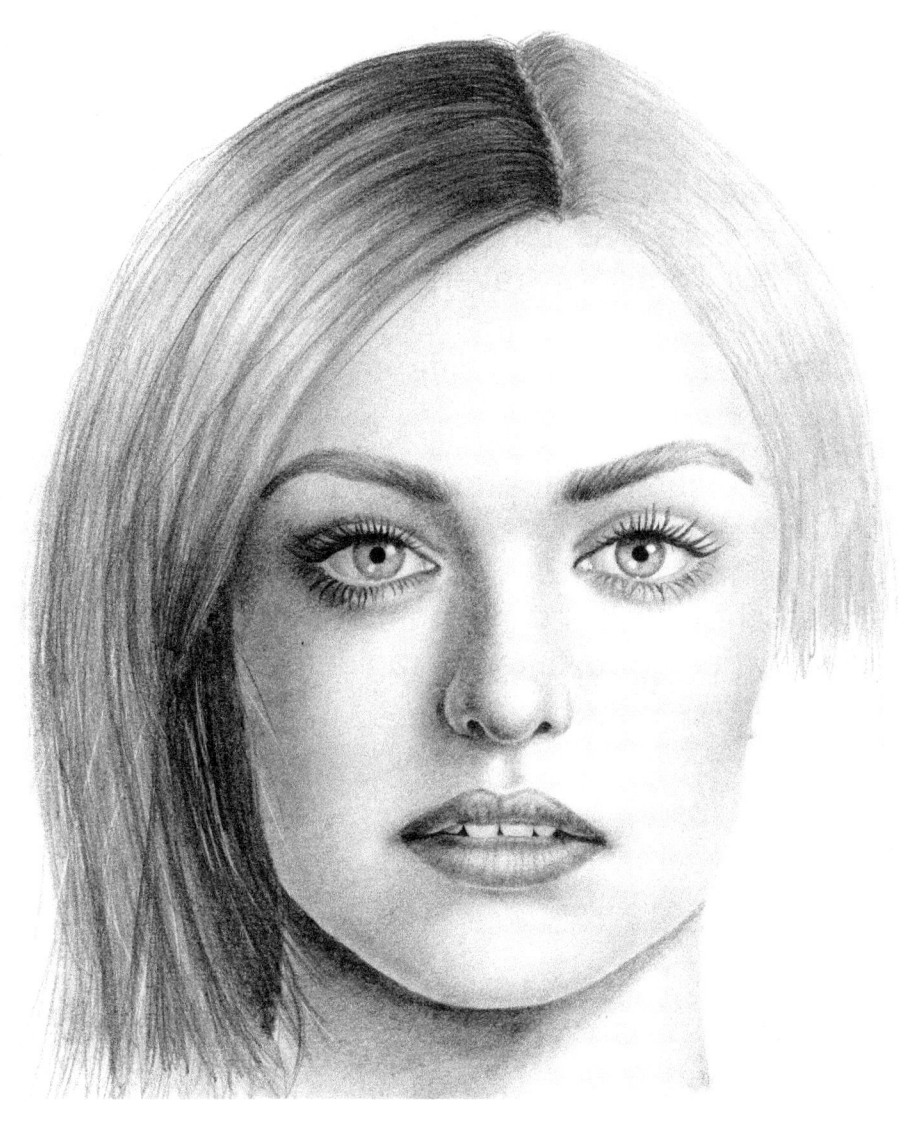

Créons des mèches plus sombres entre les cheveux, ou des cheveux ombragés, en utilisant un HB. Appuyez un peu plus fort dans la zone supérieure, en prolongement des extrémités des minuscules lignes courbes dessinées lorsque vous avez commencé à travailler du côté droit des cheveux. Passez également sur les lumières en appuyant doucement et estompez toujours le tout avec une estompe. Pour faire disparaître l'oreille visible, tracez les traits sur les zones claires en appuyant plus fort et appuyez moins lorsque l'oreille n'est pas visible. Si cela reste encore un peu visible, ce n'est pas un gros problème, car on peut souvent voir l'oreille à travers les cheveux. Comparez l'image précédente et l'image suivante pour voir les modifications, et notez les différences et ce que j'ai fait dans cette étape.

Créez une ombre au-dessus du front et de la tempe à l'aide d'un HB en appuyant légèrement et estompez-la avec un morceau de coton-tige propre. Ajoutez quelques cheveux qui survolent la tempe et le front, en effectuant des mouvements rapides et en appuyant légèrement.

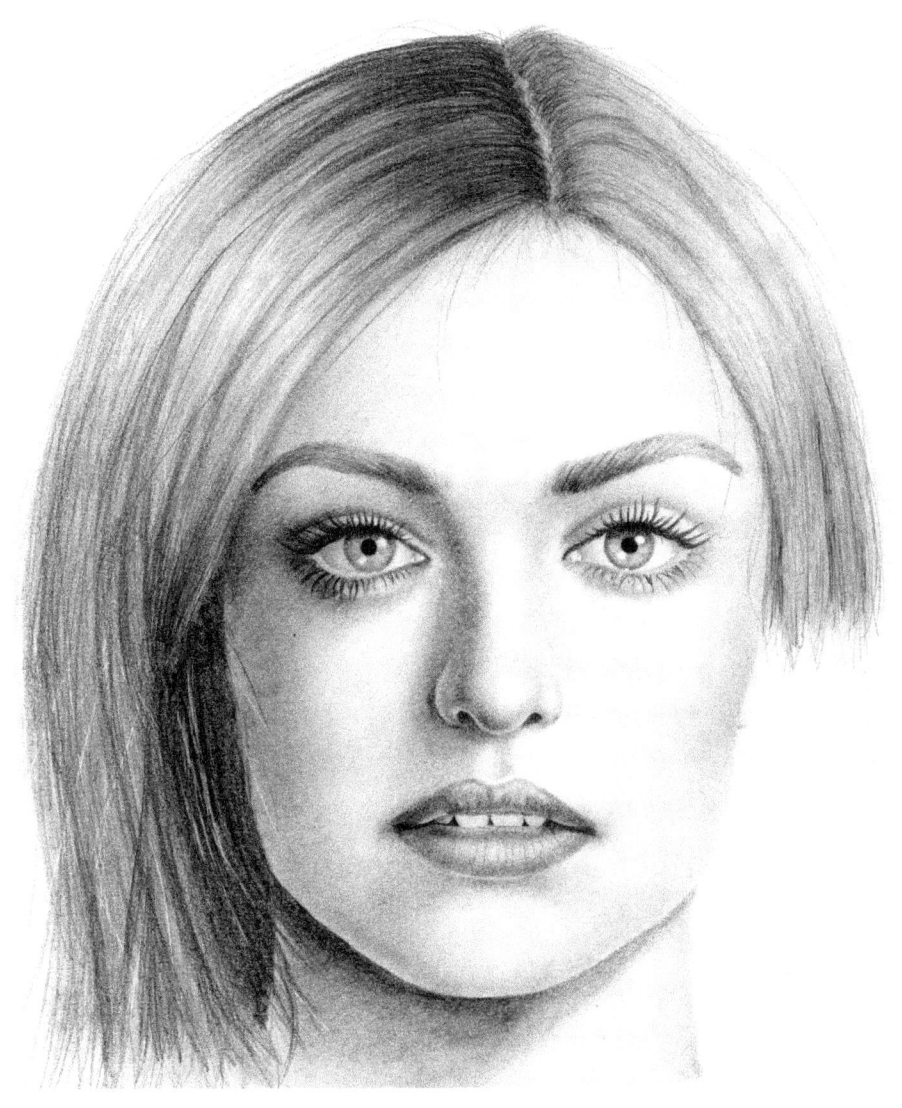

Créez des cheveux plus clairs avec la pointe d'une gomme, en effectuant des mouvements rapides. Créez plus de ceux-ci sur la zone de lumière.

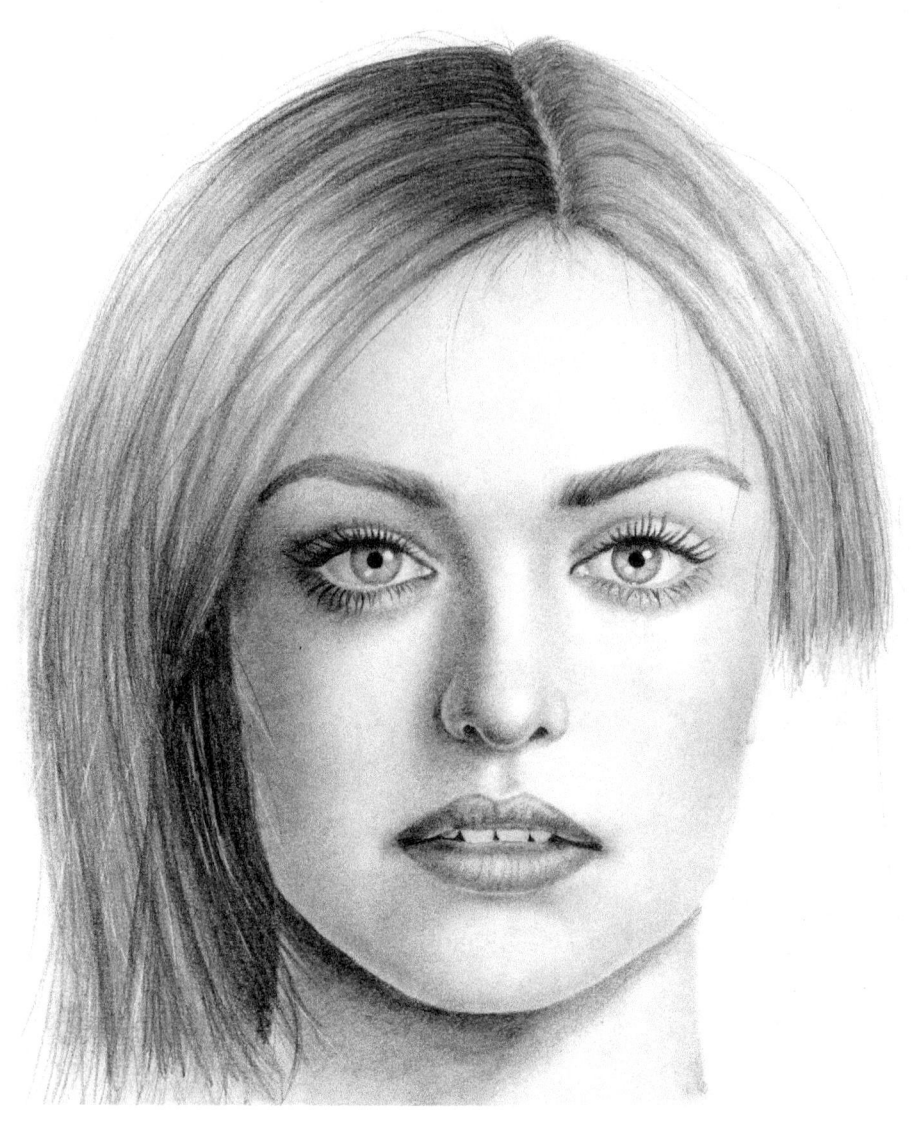

Nous pouvons maintenant finir les cheveux du côté
droit, sous l'oreille droite. Commencez par-dessus
l'oreille et dessinez les cheveux vers le bas à l'aide d'un
HB. Les pointes peuvent aller à gauche ou à droite, sur
le cou et l'arrière-plan, de façon aléatoire. La séparation
entre les cheveux et l'arrière-plan ne devrait pas être

claire, car certains des cheveux volent toujours en dehors de la coupe.

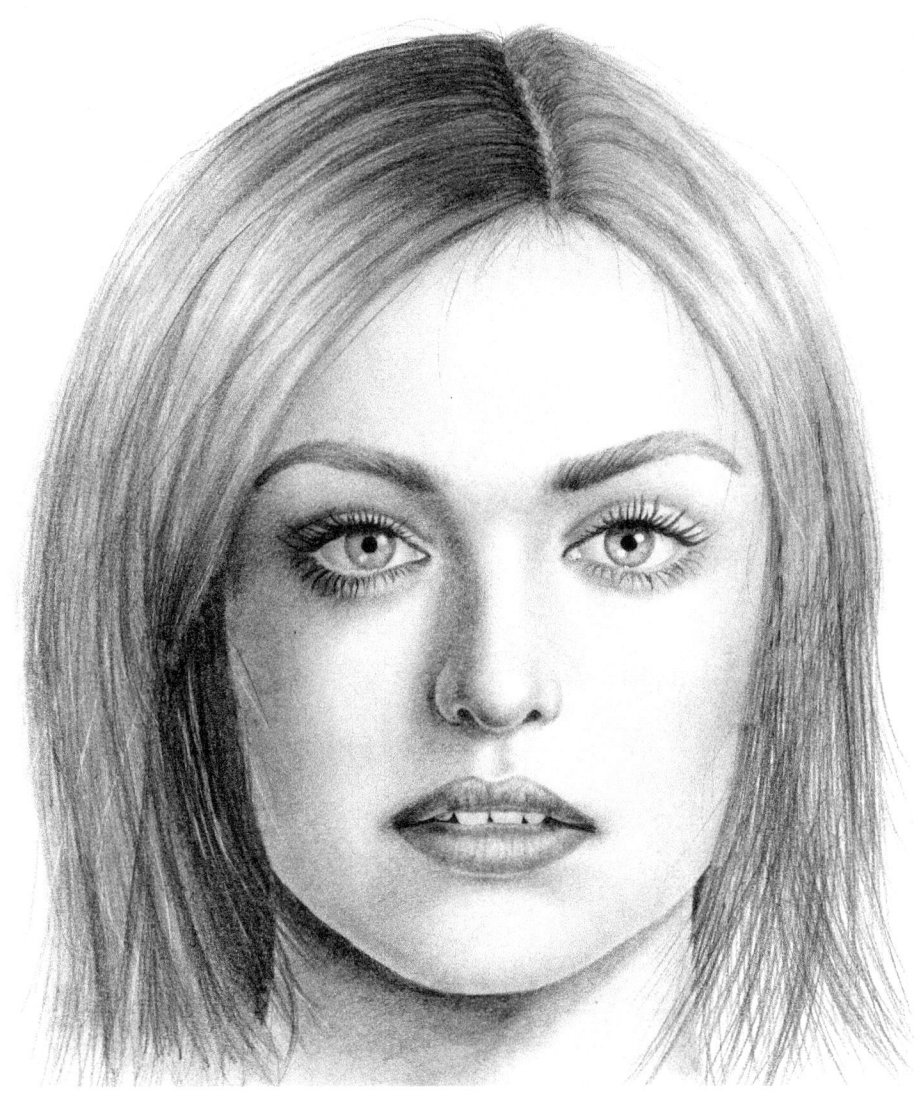

Estompez le tout avec un mouchoir. Vous pouvez voir dans mon dessin comment, après avoir estompé, des points sales sont apparus que j'ai créés accidentellement lorsque j'ai oublié de placer le papier sous ma main. Je devrai les nuancer pour les faire disparaître dans la dernière étape.

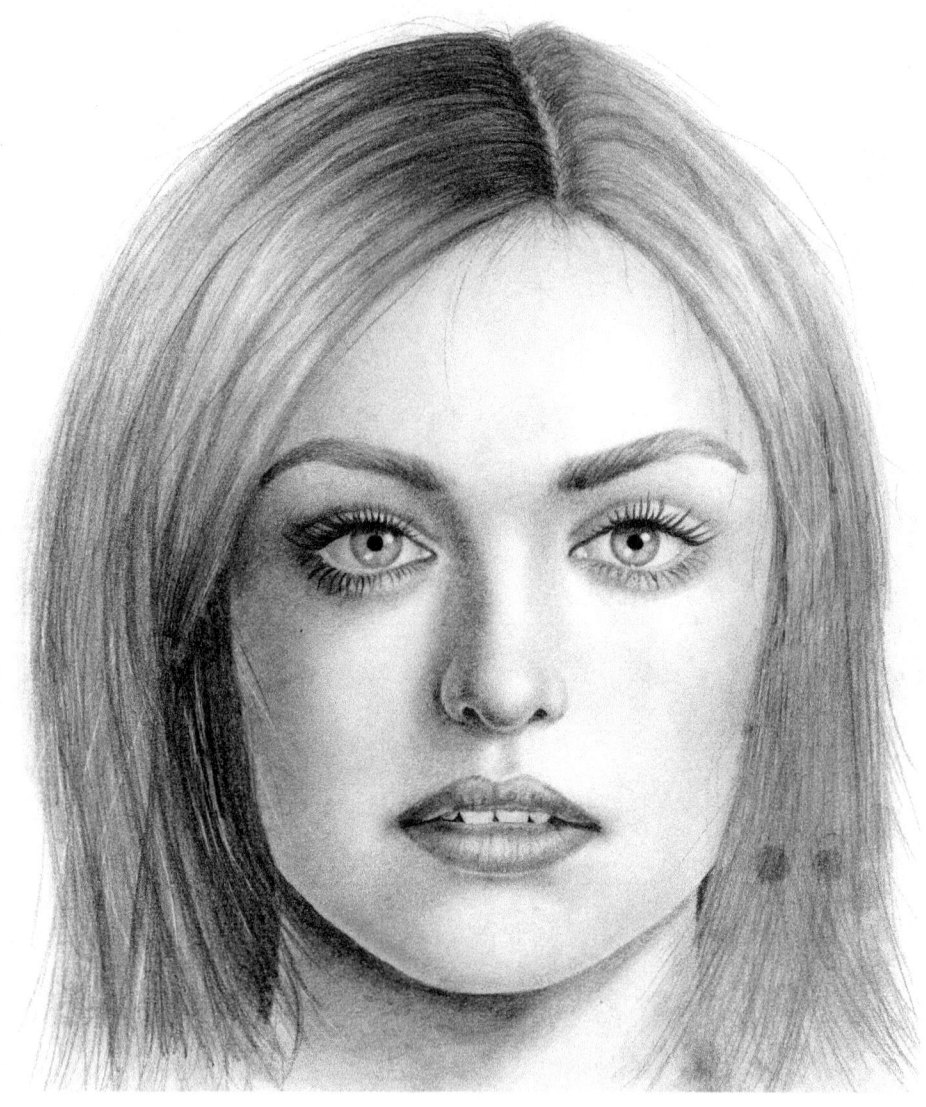

Ajoutez quelques cheveux clairs tout autour, aléatoirement. Comme je l'ai déjà mentionné, le caractère aléatoire est très important. Et aussi, plus vous aurez créé de tons dans votre dessin, mieux ce sera.

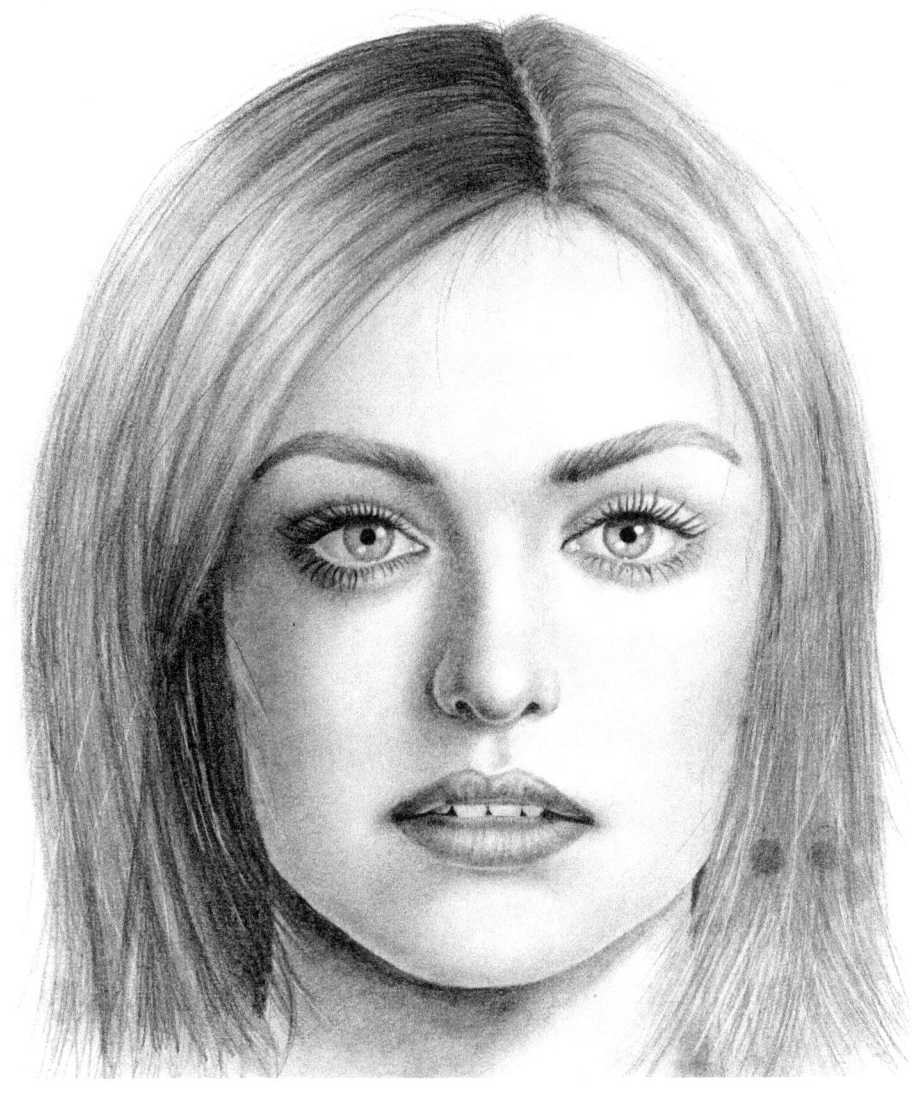

Maintenant, nous pouvons terminer ce dessin en ajoutant les cheveux ombrés entre les cheveux, et je dois également nuancer les points pour les faire disparaître. Ici, du côté droit, nous ne devrions pas créer d'ombres trop fortes. Un HB est donc assez sombre et estompez-le avec une estompe, comme toujours.

Donc, ceci est mon portrait à partir de zéro. Toute ressemblance avec quiconque est une coïncidence.

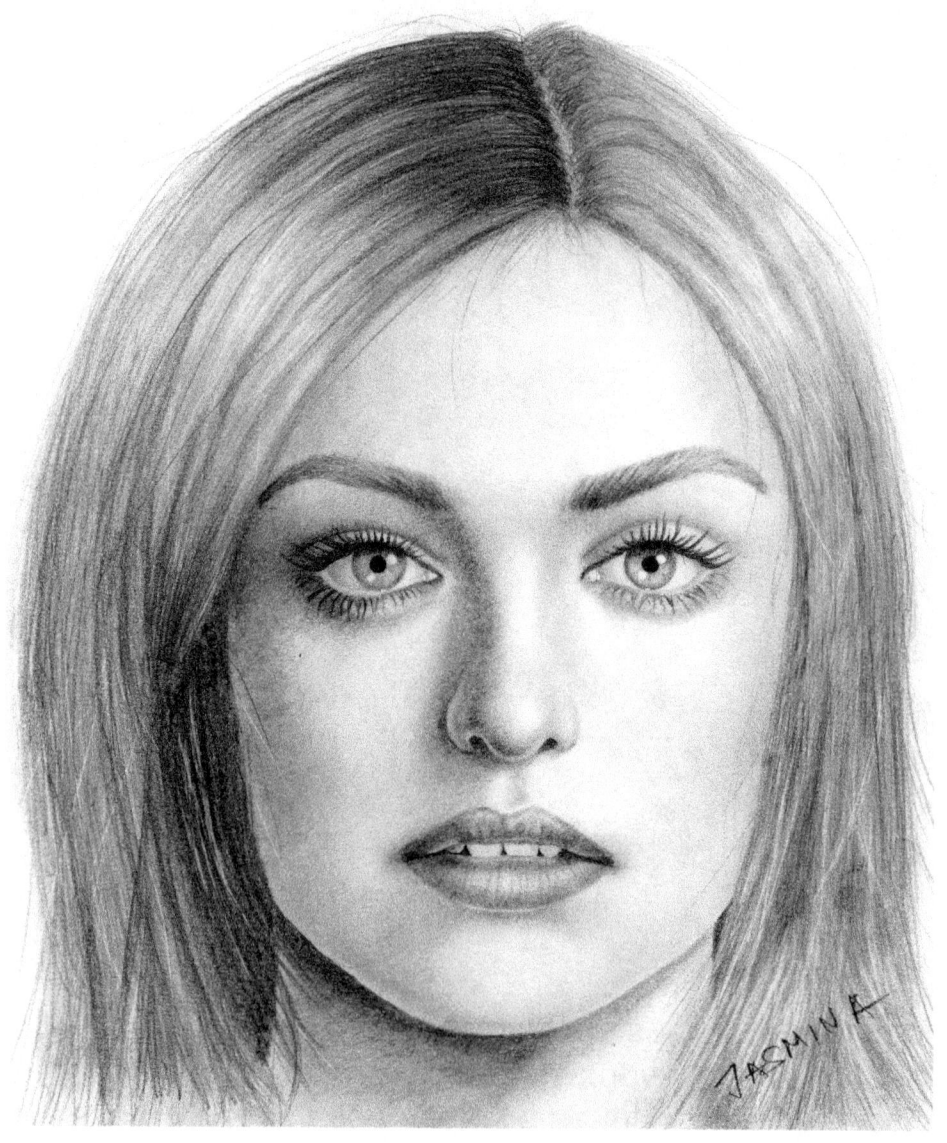

J'espère que vous avez apprécié ce tutoriel et que vous pourrez en tirer le maximum pour vos futurs portraits. Je suis certaine que vous avez créé des résultats satisfaisants et que vous continuerez à pratiquer et à travailler avec persistance.

Vous pouvez également utiliser le même tutoriel pour les hommes et pour chaque portrait que vous allez dessiner. Il suffit de toujours changer quelque chose et d'expérimenter avec les formes et les tons.

J'espère voir vos résultats.

Une tâche pour vous :

En utilisant ce tutoriel, recommencez étape par étape et essayez ceci :

- Dessiner un visage masculin la prochaine fois.

- Imaginer une source de lumière venant du haut, du coin supérieur gauche, du bas (au lieu du coin supérieur droit utilisé dans le tutoriel) et de faire les ombres en fonction de celle-ci.

- Dessiner le menton plus large.

- Créer des sourcils droits avec de minuscules poils tout autour.

- Dessiner un nez plus gros et des lèvres plus fines.

- Dessiner les poils du visage, la moustache et la barbe, en appliquant un 2H sur la peau claire, un

HB sur le demi-ton et un 2B sur les parties ombrées de la peau.

Dessiner au format A3, deux fois plus grand que celui que nous avons utilisé dans ce tutoriel, pour pouvoir aller beaucoup plus loin dans les détails et la pratique. Le plus gros papier prendra plus de temps et vous pourrez cultiver et développer votre patience, ce qui est crucial pour un style de dessin réaliste.

Alors, essayez d'utiliser ce tutoriel différemment. J'espère voir vos résultats.

À propos de l'auteur

Jasmina Susak est une artiste autodidacte, spécialiste du crayon graphite et du crayon de couleur, professeur d'art et auteur de plus de 17 manuels de dessin. Elle se spécialise dans la création de dessins photoréalistes d'animaux, de personnes, de super-héros et d'objets du quotidien.

Jasmina est diplômée et a travaillé comme couturière pendant plusieurs années. Maintenant, c'est une artiste freelance indépendante . C'est son travail à temps plein et elle le fait professionnellement depuis 2011.

Jasmina a des centaines de milliers d'abonnés sur les réseaux sociaux et ses vidéos de dessin ont des dizaines de millions de vues dans le monde entier.

Jasmina aime les animaux, la science, l'astronomie, la technologie, la conception de sites Web, la lecture, l'écoute de musique.

Visitez son site Web pour plus de tutoriels, sa galerie de dessins, ses reproductions artistiques et plus encore

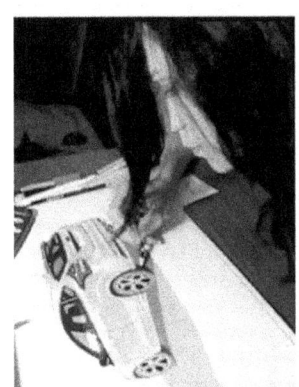

www.jasminasusak.com

www.ingramcontent.com/pod-product-compliance
Lightning Source LLC
Chambersburg PA
CBHW060851170526
45158CB00001B/314